Wissenschaftliche Beiträge aus dem Tectum Verlag

Reihe Medienwissenschaft

Wissenschaftliche Beiträge
aus dem Tectum Verlag

Reihe Medienwissenschaft
Band 45

Alexander Jestl

Die Design Fiction Journey als Methode für Kreativworkshops in Unternehmen

Mit einem Geleitwort von Mag. Hannes Rauchberger

Tectum Verlag

Neben der im Text verwendeten weiblichen und männlichen Form sind immer auch non-binäre und diversgeschlechtliche Personen gemeint.

Alexander Jestl
Die Design Fiction Journey als Methode für Kreativworkshops in Unternehmen

Wissenschaftliche Beiträge aus dem Tectum Verlag
Reihe: Medienwissenschaft; Bd. 45

ISBN 978-3-8288-4800-9
ePDF 978-3-8288-7910-2
ePub 978-3-8288-7911-9
ISSN 1861-7530

Umschlagabbildung: © Alexander Jestl, auf Grundlage des 3D-Modells # 1061934 | www.turbosquid.com

Gesamtverantwortung für Druck und Herstellung:
Nomos Verlagsgesellschaft mbH & Co. KG
Printed in Germany

Besuchen Sie uns im Internet
www.tectum-verlag.de

Bibliografische Informationen der Deutschen Nationalbibliothek
Die Deutsche Nationalbibliothek verzeichnet diese Publikation in der Deutschen Nationalbibliografie; detaillierte bibliografische Angaben sind im Internet über http://dnb.d-nb.de abrufbar.

Kurzfassung

Die vorliegende Masterthesis setzt sich mit der Thematik von *Design Fiction* auseinander. Diese zukunftsorientierte Designpraxis stellt die Konzeption fiktiver Prototypen ins Zentrum ihres Schaffens. Rund um die fremdartigen Objekte werden Szenarien entworfen, die den Weg in eine wünschenswerte Zukunft weisen. *Design Fiction* ist eine junge Methode, welche sich noch in einem Entwicklungsstadium befindet. Diese Arbeit stellt den Versuch an, eine neue Facette der Designmethode zu finden und diese greifbar zu machen. Ziel ist eine Anwendungsmöglichkeit in Form eines Workshops, welcher eine äußere Struktur vorgibt, jedoch innerhalb der einzelnen Elemente genügend Raum für kreative Entfaltung anbietet.

Das neue Konzept – *die Design Fiction Journey* – wurde als experimentelle Entwicklung umgesetzt, dabei wurde Wissen aus unterschiedlichen Fachgebieten zu einer neuen Methode verbunden. Strukturen aus der Zukunftsforschung, dem Storytelling bzw. der Dramaturgie wurden mit den aktuellen Erkenntnissen der Methode *Design Fiction* verknüpft. Die Hero's Journey trägt maßgeblich zum neuen Workshop-Konzept bei. Ergänzend zum theoretischen Workshop werden erste Design- und Marketingkonzepte für eine mögliche Umsetzung und Bekanntmachung der Methode umrissen.

Die Zielgruppe für die *Design Fiction Journey* sind Unternehmen, die durch kreative Gedankenexperimente den Blickwinkel auf ihre aktuellen Produkte, Dienstleistungen oder Strategien ändern wollen, um erste Schritte in Richtung einer wünschenswerten Zukunft zu gehen.

Abstract

This master's thesis deals with the topic of *design fiction*. This future-oriented design practice places the conception of fictional prototypes at the centre of its work. Around the strange objects, scenarios are designed that point the way to a preferable future. *Design Fiction* is a young method which is still in a development stage. This work is an attempt to find a new facet of the design method and make it tangible. The aim is to create a workshop application that provides an external structure, but within the individual elements sufficient creative space should be granted.

The new concept – *the Design Fiction Journey* – was implemented as an experimental development, combining knowledge from different disciplines to create a new method. For this purpose, structures from futurology, storytelling and dramaturgy are combined with the current findings of the *Design Fiction* method. The Hero's Journey contributes significantly to the new workshop concept. Complementing the theoretical workshop, design and marketing concepts will be considered for possible implementation and promotion of the method.

The target group for the *Design Fiction Journey* are companies that want to change the perspective of their current products, services or strategies through creative thought experiments in order to take the first steps towards a preferable future.

Inhaltsverzeichnis

Abbildungsverzeichnis

Geleitwort

Wie wäre es, einmal ganz neue Wege zu beschreiten? Mit welcher Methode könnte ein Unternehmen Erneuerungen vorantreiben und innovative Ideen in den Betrieb implementieren?

Diesen zentralen Fragen geht das Buch von Alexander Jestl nach. Das Buch befeuert ein Zusammendenken von Design und Fiction in einer als Workshop zusammengefassten Design Fiction Journey. Diese Design Fiction Journey soll Produkte oder Prozesse in Organisationen, Institutionen und Wirtschaft durch komplett neue Denkansätze sprunghaft auf neue Ebenen katapultieren.

Um Zukunft zu begreifen, braucht es eine Befreiung von vorgefundenen Denkstrukturen und Beschränkungen, die sich aus den bestehenden Umständen ergeben. Gerade durch Zufälle oder manchmal sogar durch „Fehler" sind im Nachgang oft sprunghaft Neuentwicklungen möglich, die weit über das ursprünglich denkbare hinausreichen und das Betreten einer neuen Ebene erst ermöglichen.

Design Fiction ist ein Innovationsansatz, der der imaginären Kraft einen weiten Platz einräumt. Science-Fiction gilt als Faktor in der Zukunftsforschung. Immerhin gibt es eine gewisse Trefferquote, was innovative Technologie in Science-Fiction Filmen angeht: Menschen am Mond („Die Reise zum Mond" von Georges Méliès, 1902), die Erschaffung eines Roboters („Metropolis" von Fritz Lang, 1927) oder der Tablet-Computer („2001: A Space Odyssey" von Stanley Kubrick, 1968). Es gibt viele solche Beispiele von fiktionalen Visionen im Science-Fiction Film, die erst viel später Realität geworden sind.

Sicherlich ist Design Fiction somit auch ein Gegenentwurf zu „Umstrukturierungsprozessen", die ausschließlich auf Optimierung und Effizienzsteigerung ausgerichtet sind und die ihr Augenmerk dabei auf die Reduzierung von Arbeitskräften richten, also Richtung Automatisierung, um damit Preisvorteile am Markt zu haben.

Aus den Überlegungen zu Design Fiction heraus entwickelt Alexander Jestl im vorliegenden Buch eine Design Fiction Journey, die als Methode für Innovationsworkshops in Unternehmen oder Organisationen gedacht ist. Zielgruppe für diese Anwendung sind Unternehmen, die offen dafür sind, ihren Blickwinkel auf die eigenen Produkte, Dienstleistungen oder Strategien zu ändern.

Das Motto lautet: „Create a Possible Future" also eine mögliche Zukunft zu erschaffen. Gedankenexperimente liefern Möglichkeiten für eine völlig neuartige Zukunft. Wichtig ist es dabei, ein Gefühl für diese Zukunft zu bekommen. Aus diesem Grund ergibt sich eben auch die Nähe zum Science-Fiction Film, wo Zukunftsszenarien erlebbar und nachvollziehbar dargestellt sind. Hier ergeben sich Visionen und Gedankenräume, die den Kundennutzen spürbar machen.

Das ist vielleicht überhaupt der spannendste Punkt an dieser Design Fiction Journey: das Erleben des Kundennutzens steht an erster Stelle. Anwendungsmöglichkeiten, Situationen, Alltäglichkeiten und Selbstverständlichkeiten für den Kunden mit dem innovativen Produkt. Man geht sozusagen von einem neuartigen Produkt aus, für das es eigentlich noch gar keine technischen Grundlagen gibt und konzentriert sich voll auf das Sichtbarmachen und die szenische Darstellung des Kundennutzens.

In weiteren Schritten in der Design Fiction Journey muss dann natürlich untersucht werden, welche Handlungsmöglichkeiten es gibt, die neu entstanden Idee in die aktuelle Strategie des Unternehmens zu integrieren.

Besonders freut es mich, dass ich die Entstehung dieses vorliegenden Buches bereits von der ersten Idee an begleiten durfte. Für mich war der Anfang ein Telefonat mit Alexander Jestl, wo ich zwar das ungeheure Potenzial von Design Fiction sofort gespürt habe, aber doch ein paar Momente gebraucht habe, um Struktur und Vorgangsweise von Design Fiction richtig einordnen und sortieren zu können. Immerhin handelt es sich um eine komplett neue Methode, die im deutschsprachigen Raum teilweise noch völlig unbekannt ist.

Alexander Jestl hat dann in weiterer Folge als Student im Masterlehrgang Film, TV, Media an der Fachhochschule St. Pölten über mehrere Vertiefungsstufen an diesem Thema gearbeitet und ist damit zu einem

Experten auf diesem Gebiet geworden. Das Endprodukt der Arbeit ist die Masterthese mit dem Titel „Die Design Fiction Journey als Methode für Kreativworkshops in Unternehmen“, die ich sehr gerne und vor allem mit großem Interesse als wissenschaftlicher Betreuer begleitet habe.

Sehr groß ist daher jetzt die Freude, dass diese Masterthese im Tectum-Verlag als Buch erscheint. Die Veröffentlichung liefert damit einen wichtigen Beitrag, diese zukunftsorientierte Methode detailliert darzustellen und bekannt zu machen.

Mag. Hannes Rauchberger
(Mitglied der Lehrgangsleitung im Masterlehrgang Film,
TV & Media an der Fachhochschule St. Pölten)

Wien, im Mai 2022

1 Einleitung

Die vorliegenden Masterthesis behandelt die Thematik der zukunftsorientierten Designpraxis *Design Fiction*. Untersuchungsgegenstand ist die Nutzbarmachung der Methode als Kreativworkshop im Unternehmensumfeld. Ziel dieses Workshops ist es, die (Weiter-)Entwicklung von Produkten, Dienstleistungen oder Strategien auf kreative Weise zu fördern. Dafür soll ein strukturierter Anwendungsleitfaden konzipiert werden, der Schrittweise befolgt werden kann, jedoch innerhalb der einzelnen Schritte genügend Raum für einen kreative Entfaltung bietet. Den Anwenderinnen und Anwendern soll so die Möglichkeit geboten werden, ihre Perspektive zu ändern und durch einen neuen Blickwinkel auf das bestehende Unternehmen eine Weiterentwicklung zu provozieren.

Design Fiction ist eine Designmethode, welche die Konzeption eines Prototyps ins Zentrum stellt. Losgelöst von einer technischen Limitation der Gegenwart, sollen in szenariohaften Gedankenexperimenten neue Ideen für eine wünschenswerte Zukunft hervorgebracht werden. Die Designpraxis fand ihre erste Erwähnung durch Bruce Sterling (2005) und geriet durch Julian Bleecker (2009) ins Blickfeld vieler Designer und Designforscher. In den Folgejahren sind viele Ansätze und Interpretationen der Theorie zu finden.

1.1 Aufbau der Arbeit

Die vorliegende Masterthesis gliedert sich in drei Theoriekapitel sowie ein konzeptionelles Kapitel.

Zu Beginn (Kapitel 2) wird das Thema *Design Fiction* in seine Begrifflichkeiten zerlegt, um dafür Definitionen zu finden. Der Begriff „Zukunft“ ist nicht an sich im Titel der Designmethode enthalten, spielt aber inhaltlich eine wesentliche Rolle, deshalb wird die Thematik der Zukunftsforschung in die Literaturrecherche mitaufgenommen. Ebenso werden die beiden Namensgebenden Begriffe „Design" und „Fiction" im Detail aufgearbeitet.

Nach dem einleitenden Kapitel wird die Methode *Design Fiction* selbst behandelt (Kapitel 3). Die Entwicklung sowie die Kernaussagen der Methode und Interpretationen verschiedener Autoren stehen hier im Zentrum.

Im anschließenden Theoriekapitel (Kapitel 4) werden relevante Methoden des Storytellings und der Dramaturgie auf ihre Brauchbarkeit für das darauffolgende konzeptionelle Kapitel untersucht.

Im letzten Kapitel (Kapitel 5) wird in einer experimentellen Entwicklung ein Anwendungs- bzw. Workshop-Konzeptes für die Designpraxis *Design Fiction* entwickelt und grafisch sowie inhaltlich beschrieben. Das Konzept richtet sich an Unternehmen, welche offen für neue Blickwinkel in der eigenen Strategie sind – die Durchführung dieser *Design Fiction Journey* soll erste Schritte in eine neue, wünschenswerte Zukunft begünstigen.

1.2 Untersuchungsdesign

An dieser Stelle soll der methodische Aufbau der vorliegenden Arbeit erläutert werden. Im Folgenden wird die Forschungsfrage gestellt, diese beinhaltet fünf Teilforschungsfragen. Im Anschluss daran wird die weitere Vorgehensweise beschrieben.

Wie kann die Methode „Design Fiction" in einem strukturierten Anwenderworkshop funktionieren, um Unternehmen in der (Weiter-)Entwicklung von Produkten, Dienstleistungen oder Mediencontent zu unterstützen?

- *Was ist die Kernaussage der Designmethode Design Fiction?*
- *Was ist das Ziel der Designmethode Design Fiction und welche Art von Ergebnissen will sie hervorbringen?*
- *Mit welchen Methoden kann ein ansprechender („unterhaltsamer") Workshop kreiert werden, der die Bedürfnisse der Zielgruppe trifft?*
- *Wie kann ein Konzept für die zukunftsorientierte Kreativmethode Design Fiction als kompakter Workshop aussehen?*

- *Welche wirtschaftlichen Chancen können in einem Workshop der zukunftsorientierten Kreativmethode Design Fiction gesehen werden?*

Die ersten beiden Teilforschungsfragen befassen sich mit dem zentralen Thema *Design Fiction* und werden in Kapitel 3 durch eine Literaturrecherche bearbeitet.

Die dritte Teilforschungsfrage sucht nach Methoden, welche ein Workshop-Konzept unterstützen und dramaturgisch ansprechend gestalten können. Hierfür wird ebenso relevante Fachliteratur herangezogen.

Die beiden letzten Teilforschungsfragen zielen auf das Konzept ab, welches in der vorliegenden Masterthesis entstehen soll. Der empirische Teil wird in Form einer experimentellen Entwicklung durchgeführt – diese kombiniert Wissen aus unterschiedlichen Fachgebieten, um neue Konzepte zu schaffen.

Anschließend wird die letzte Teilforschungsfrage bearbeitet. Diese befasst sich mit den wirtschaftlichen Chancen des Konzeptes, welche durch eine SWOT-Analyse erarbeitet werden.

Zuletzt werden alle gewonnen Erkenntnisse in einem Fazit (Kapitel 6) zusammengefasst und interpretiert.

2 Zukunft, Fiction und Design

Im folgenden Kapitel wird die Definition der zu behandelnden Methode, *Design Fiction*, in ihre Begrifflichkeiten zerlegt. Durch das Aufzeigen der relevanten Disziplinen wird eine Basis für ein besseres Verständnis der Methode geschaffen.

Design Fiction bedient „[...] sich der Dynamik und Methoden des Designs plus der Substrate methodologischer Zukunftsforschungsgedanken [...]" (Schäfer, 2014, S. 32). Ebenso definiert Bleecker den Begriff als ein Zusammenspiel von wissenschaftlichen Tatsachen und Design, als weiteres Element bringt er den Begriff der Science-Fiction in seine Beschreibung (Bleecker, 2009, S. 7). Demzufolge werden die drei Disziplinen Zukunftsforschung, das literarische als auch filmische Genre Science-Fiction und Design sowie Designforschung für eine Annäherung an die Designmethode als relevant betrachtet.

2.1 Zukunftsforschung

„Menschliches Handeln ist in aller Regel auf die Zukunft ausgerichtet, und wo immer im Alltag etwas gefragt, probiert, geplant und entworfen wird, findet eine intuitive und naive Form von Zukunftsforschung und Zukunftsgestaltung statt" (Schüll, 2009, S. 223). In der Zukunftsforschung dürfen das Interesse und der Bezug zur Zukunft als professionell angesehen werden und gehen über die persönliche Planung hinaus. Vielmehr wird mittels unterschiedlicher Methoden versucht, sinnvolle Entwicklungen oder Behauptungen über Zukünftiges zu treffen (Schüll, 2009, S. 223).

2.1.1 Zum Grundverständnis der Zukunftsforschung

Grunwald stellt die Frage, welcher konkreten Wissenschaft die Zukunftsforschung angehört. Durch Vergleiche wie dass ein Gehirn durch Hirnforschung untersucht wird, stellt er fest, dass es naheliegend ist, dass Zukunftsforschung die Zukunft erforscht. Darauf bezogen stellt sich die Frage nach der wissenschaftlichen Erforschbarkeit. Da die Zukunft etwas ist, das nicht oder noch nicht existiert, ist sie nur schwer erforschbar und nicht falsifizierbar. Dazu formuliert Grunwald eine These „Zukunftsforschung ist daher keine Wissenschaft von „der" Zukunft, sondern von ihren je gegenwärtigen Konstrukten [...]" (Grunwald, 2009, S. 26). Dabei geht er davon aus, dass jene Zukunft, die erforscht wird, immer im Bezug zur Gegenwart steht – dies bezeichnet er als die *Immanenz der Gegenwart*. „Zukunft besteht nur als sprachlich formulierte Zukunft" (Grunwald, 2009, S. 26), demnach bekommt die Art und Weise, wie über Zukunft geredet wird, eine zentrale Bedeutung. In Planungen, Prognosen oder anderen Formulierungen wird eine *zukünftige Gegenwart* gebildet, in welche man sich projiziert. Dabei spielen Erwartungen, wie sie passieren werden oder können, eine zentrale Rolle. In der Forschung wird daher versucht, mit dem Begriff der *gegenwärtigen Zukunft* zu arbeiten, um Geltungs- oder Wahrheitskriterien erfüllen zu können. Wichtig dabei ist, Zukunftsaussagen nur auf Basis von bestehendem Wissen der Gegenwart zu treffen, es wird nicht versucht, „[...] Behauptungen über das Eintreffen, sondern nur über die Erwartbarkeit des Eintreffens [...]" (Grunwald, 2009, S. 27) zu tätigen. Trotzdem bleibt es schwierig, exakte Geltungsbedingungen in der Zukunftsforschung zu definieren – Antworten darauf sind möglicherweise in der entgegengesetzten Richtung, nämlich der Vergangenheit zu suchen (Grunwald, 2009, S. 25–34).

Die *Uchronie* ist einer dieser Blicke in die Vergangenheit, wo Lösungsansätze für die Geltung in der Zukunftsforschung gesucht werden können. Hierbei handelt es sich um alternative Formen von Geschichte. Was wäre, wenn in einer bestimmten Vergangenheit eine andere Richtung eingeschlagen worden wäre? Dadurch lassen sich Szenarien entwickeln, in welchen sich darstellen lässt, dass die Welt in der Gegenwart besser sein könnte, als sie aktuell ist. Der ausschlaggebende Unterschied zu einem zukünftigen Szenario liegt in den Fakten des

Vergangenen – die Forschung kann sich an Relikten oder geschichtlichen Verläufen orientieren, was bei Szenarien in der Zukunftsforschung entfällt (Steinmüller, 2009, S. 145–152).

Neben Szenario-Methoden werden im Folgenden die wichtigsten Methoden vorgestellt und relevante Techniken für Design Fiction lokalisiert. Zuvor ist jedoch der Unterschied zwischen *explorativer und normativer Zukunftsforschung* zu betrachten.

Die *explorative Zukunftsforschung* beschreitet in erster Linie neue Wege, um Themen- oder Forschungsgebiete zu erkunden. Es liegen meist noch wenig bis gar keine Daten oder Erkenntnisse vor. Diese Art der Zukunftsforschung schafft also die Basis in einem Gebiet, um für weiterführende Forschungen Referenzen in Form von Erfahrungen, Erkenntnissen oder anderer Daten, bereitzustellen. Um Zusammenhänge oder Phänomene besser zu verstehen, müssen zunächst Daten mit bekannten Methoden gesammelt werden. Solche „[…] wären beispielsweise Experteninterviews, Fokusgruppeninterviews, Fallstudien, Diskursanalysen, Zeitreihenanalysen und Trendextrapolationen, Input-Output-Analysen, verschiedene Formen der Modellbildung und Literaturrecherche" (Schüll, 2009, S. 226). Aufgrund der Beschreitung neuer Forschungsgebiete ist hier jedoch mit einer gewissen Offenheit in den Ergebnissen zu rechnen (Schüll, 2009, S. 225-226).

Die *normative Zukunftsforschung* bewegt sich in eine philosophische und sozialwissenschaftliche Richtung, bestimmte Werte und moralische Vertretbarkeit stehen hier im Fokus. „Werte und Wünsche, die festlegen, was gut oder schlecht, was erstrebenswert oder zu vermeiden ist, haben für normative Zukunftsforschung handlungs- und forschungsleitende Funktion" (Schüll, 2009, S. 227). Es wird meist ein Praxisbezug hergestellt, beispielsweise bei der Zielsetzung und der wissenschaftlichen Begleitung von angewandten Projekten (Zukunftsgestaltung) mit außerwissenschaftlichen Zielen. Deshalb bewegt sich die Forscherin bzw. der Forscher hier in einem Grenzbereich zwischen Wissenschaft und praktischer Anwendung und muss in beiden Disziplinen korrekte Arbeitsweisen liefern. In Bezug auf die Praxisfelder werden Themen wie Politik, Bildung, Klima oder Energieversorgung und deren Weiterentwicklung genannt. Backcasting, Roadmapping oder normative Szenarien sind Methoden, die im Zusammenhang mit normativer Zukunftsforschung genannt werden (Schüll, 2009, S. 227–229).

2.1.2 Methoden in der Zukunftsforschung

Aufgrund einer Vielfalt von unterschiedlichen Methoden ist in Bezug auf die Zukunftsforschung eine gewisse Unübersichtlichkeit gegeben. Die Anwendung von Methoden oder Verfahren aus anderen wissenschaftlichen Feldern wie Natur-, Ingenieurs- oder Sozialwissenschaften ist in der Zukunftsforschung üblich. Es haben sich eigene Typen von Methoden entwickelt, wovon drei besonders zu erwähnen sind: Kreativmethoden, Expertenbefragungen und Szenarios (Steinmüller, 1997, S. 29).

Das Zukunftsinstitut in Frankfurt am Main (Zukunftsinstitut GmbH) beschreibt auf der eigenen Website folgende Methoden als heute relevante Mittel für die Zukunftsforschung:

Monitoring, Scanning, Naming kann als eine Beobachtung beschrieben werden, bei der frühzeitig wichtige Entwicklungen erkannt werden. Bei einer ungerichteten Durchsuchung unterschiedlicher Medien werden vermutete Trends und Entwicklungen ausgeforscht. Die untersuchten Medien dienen als Referenz einer Kultur. Durch das sogenannte *Naming* werden die Trends tatsächlich benannt und sind somit sofort in der Lage, ihre Bedeutung zu erklären (Zukunftsinstitut GmbH, o. J.).

Trendscouting wird auch als das Szenekundschaften bezeichnet. Spezielle Scouts beobachten am Ort des Geschehens und bewegen sich dicht am Wandel, jedoch findet diese Methode wegen ihrer fragwürdigen Validität kaum noch Anwendung (Zukunftsinstitut GmbH, o. J.).

Kontextanalysen betrachten ein Themengebiet aus möglichst vielen Perspektiven, um Zusammenhänge erkennen zu können. In diese Analysen fließen technische Aspekte genauso ein wie Umweltsituationen oder Nutzer-Verhaltensweisen. Durch die unterschiedlichen Blickwinkel sind sie ein geeignetes Werkzeug für die Zukunftsforschung (Zukunftsinstitut GmbH, o. J.).

Narration ist das größte Werkzeug der *Szenario-Technik*. Diese Methode beschreibt zukünftige Zustände oder Situationen in plastischen Szenen. Hierfür bedient man sich textlicher oder bildlicher Ausdrucksmittel. Für die Entwicklung eines solchen Szenarios werden häufig quantitative Daten, aber auch Meinungen und Ansichten von Experten herangezogen. Die Szenario-Technik wird als klassische Methode in der Zukunftsforschung angesehen (Zukunftsinstitut GmbH, o. J.).

Die *Delphi-Methode* zählt zur Gruppe der qualitativen Befragungen, hierbei werden Experten in strukturierter Weise befragt, um deren Meinungen zu verdichten. Die Befragung wird in mehreren Runden durchgeführt, so wird den Experten die Möglichkeit geboten, die vorherigen Meinungen zu ändern beziehungsweise zu berichtigen (Zukunftsinstitut GmbH, o. J.). Da Delphi-Studien schon seit den Fünfziger- beziehungsweise frühen Sechzigerjahren angewendet werden, haben diese schon eine Mehrzahl an Weiterentwicklungen durchlaufen. Ergebnisse zeigten auch, dass zweistufige Verfahren vorzuziehen sind, da mehrstufige Prozesse einen Mehraufwand bedeuten, die Ergebnisse der Studien jedoch nicht wesentlich verbessern. Zentrales Augenmerk bei der Delphi-Methode sollte auf der Auswahl der passenden Expertengruppe sowie auf der Gestaltung der Fragestellung liegen (Steinmüller, 1997, S. 75). Gemeinsam mit der Delphi-Studie kann eine weitere Methode genannt werden, welche das Zukunftsinstitut Deutschland als relevant auflistet. Hierbei handelt es sich um das *prognostische Crowdsourcing*. Dabei werden ein erheblicher Teil der Ideenarbeit an eine Online-Community ausgelagert und mögliche Zukünfte mittels Simulationen generiert – was eine Weiterentwicklung der Delphi-Methode bedeuten könnte (Zukunftsinstitut GmbH, o. J.).

Ebenso wir das *Business Wargaming* genannt, was ein strategischer, oft mehrjähriger Prozess ist, um in Unternehmen eine mögliche Zukunftsentwicklung zu simulieren (Zukunftsinstitut GmbH, o. J.).

Um die erwähnte Methodenvielfalt einzugrenzen, werden im Folgenden zwei Methoden hervorgehoben, welche für den weiteren Verlauf der vorliegenden Arbeit Relevanz haben. Dies ist zum einen die Szenario-Methode, da sie als klassisches Element der Zukunftsforschung gilt und Parallelen zu der zentralen Methode Design Fiction aufweist und als Vorstufe zu dieser gesehen werden könnte. Zum anderen soll die Thematik der Kreativmethoden genauere Betrachtung finden, speziell die Zukunftswerkstätten. Auf Expertenbefragungen (z.B. Delphi-Methode) wird im Weiteren nicht eingegangen, da diese in Bezug auf Design Fiction keine besondere Relevanz aufzeigen.

2.1.3 Szenario-Methoden

„Unter einem Szenario versteht man die Beschreibung einer zukünftigen Situation und die Entwicklung bzw. Darstellung des Weges, der aus dem Heute in die Zukunft hineinführt“ (v. Reibnitz, 1992, zitiert nach Steinmüller, 1997, S. 52). Szenarios haben sich als ein zentraler Weg der Zukunftsforschung erwiesen, um alternative, zukünftige Situationen darzustellen (Steinmüller, 1997, S. 50). Wie schon zuvor erwähnt, ist eine Methodenvielfalt in der Zukunftsforschung ein vorherrschendes Thema – ebenso im Bereich der Szenario-Methoden. Steinmüller empfiehlt daher von *Szenariomethoden* zu sprechen, wenn im Allgemeinen von Verfahren gesprochen wird, die sich Szenariosituationen zunutze machen. Im Detail soll der Begriff Szenariotechnik verwendet werden, beispielsweise nachstehend die Nennung des Entwicklers der speziellen Technik. Allgemein betrachtet, versteht man darunter eine *Planungstechnik*, welche unterschiedliche Szenarien hervorbringt, die zueinander in Verbindung stehen. Der Unterschied der einzelnen Techniken kann darin beschrieben werden, wie (mit welchem Verfahren) die Szenarien entwickelt werden. Als Beispiel sei die Szenario-Technik nach *von Reibnitz (1992)* aus Steinmüllers Erläuterungen herausgegriffen, dabei werden die Arbeitsschritte wie folgt beschrieben: *Aufgabenanalyse, Einflussanalyse, Trendprojektionen, Alternativenbündelung, Szenario-Interpretation, Konsequenzenanalyse, Störereignisanalyse* und *Szenario-Transfer.* Szenariotechniken, welche einer ähnlichen Struktur folgen, stehen für gewöhnlich in Verbindung mit Forecasting-Prozessen (Steinmüller, 1997, S. 59–61).

Die *Szenario-Technik* nach Ute von Reibnitz ist besonders nennenswert, da sie im deutschsprachigen Raum großen Einfluss auf die Entstehung der Szenario-Methoden genommen hat (Reich, 2010, S. 2). Die Beschreibung der Methode bezieht sich in von Reibnitz’ Ausführungen Großteils auf Unternehmen. Das Denkmodel wird in einer Grafik als Trichter veranschaulicht (Abbildung 1). Ausgehend von der Gegenwart öffnet sich der Trichter in Richtung Zukunft. Je weiter die Entfernung zur Gegenwart, desto breiter wird die Öffnung - symbolisch bezieht sich die Grafik auf eine Steigerung von Unsicherheit und Komplexität in der Zukunft. Für die gegenwärtige Situation sind Faktoren (beispielsweise Märkte, Gesetze oder wirtschaftliche Tatsachen) zu definieren, welche auf eben diese Situation Einfluss nehmen. In einer nahen Zukunft, welche ca. 2–3 Jahre von der Gegenwart entfernt ist, scheinen die Entwicklungen der Faktoren noch nahezu unverändert bzw. wenig verändert. Projiziert man allerdings in eine entferntere Zukunft (mehr als 5 Jahre), können die Auswirkungen der Faktoren nicht mehr abgeschätzt werden bzw. kann nicht mehr erahnt werden, ob neue Faktoren hinzukommen. Für die Unternehmensplanung wird angenommen, dass die Konzeption von zwei Szenarien ausreicht. Diese sollen jedoch folgende Kriterien aufweisen: Innerhalb eines Szenarios dürfen keine Widersprüche entstehen - es muss eine stimmige Einheit bilden. Das Szenario muss Stabilität aufweisen - die Veränderung einzelner Faktoren darf es nicht zum Einsturz bringen. Die beiden entstehenden Szenarien müssen größtmögliche Unterschiede aufweisen - sie sollen die Randzonen des Trichters bilden und werden als *Szenario-Archetypen* bezeichnet. Innerhalb des Trichters können sogenannte *Störereignisse* auftreten, welche Auswirkungen auf die Entwicklung der Szenarien haben. Diese Störereignisse dienen dazu, um präventive Lösungsansätze einzuarbeiten. In manchen Fällen wird auch ein Trend-Szenario, welches auf der Trendlinie in der Mitte Platz findet, konzipiert. Dabei handelt es sich um „[...] eine Fortschreibung der heutigen Situation in die Zukunft" (von Reibnitz, 1992, S. 28). Die Gefahr bei einer Trend-Extrapolation besteht darin, zu ähnliche Rahmenbedingungen zu der Gegenwart zu haben. In so einem Szenario muss das Unternehmen nicht sehr weit vom ursprünglichen Pfad abweichen. Dabei verlässt man sich zu sehr auf das Bestehende und kann auf unvorhergesehene Entwicklungen kaum eingehen (von Reibnitz, 1992, S. 26–29).

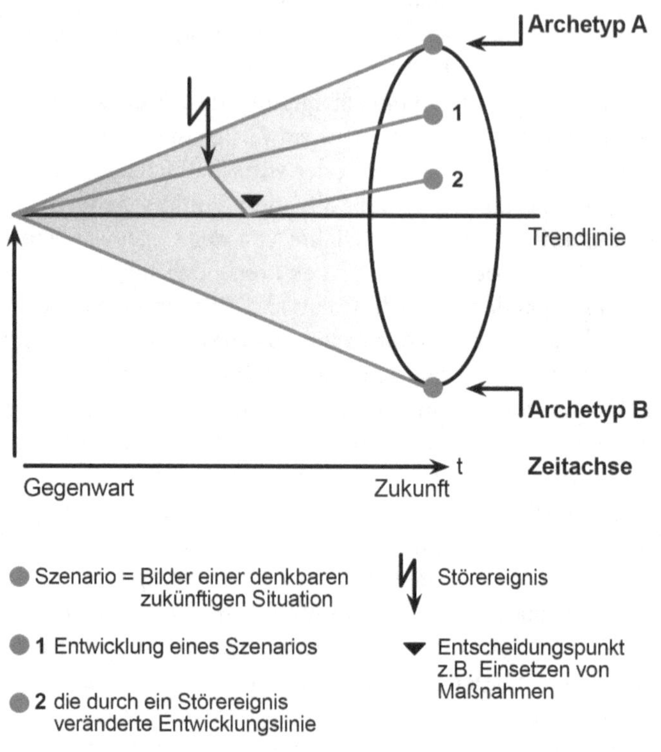

Abbildung 1. Denkmodell zur Darstellung von Szenarien (von Reibnitz, 1992, S. 27)

Die Szenario-Technik nach von Reibnitz (1992, S. 30–70) wird in acht Stufen beschrieben:

In Stufe 1, der *Aufgabenanalyse,* wird die aktuelle Lage eines Unternehmens gründlich aufgearbeitet. Kriterien wie Leistungsspektren, Leitbilder, Strategien, Stärken/Schwächen und interne Rahmenbedingungen werden im Hinblick auf die Produkte, Dienstleistungen oder Services eines Unternehmens analysiert (von Reibnitz, 1992, S. 30–32).

Stufe 2, die *Einflussanalyse,* zeigt externe Bereiche auf, die auf ein Unternehmen oder deren Strategie einwirken. Hier werden zuerst sogenannte Einflussbereiche (z.B. Märkte, Wettbewerb, Politik, Wirtschaft, Gesellschaft o.Ä.) festgelegt. Ist ein Einflussbereich beispielsweise die Technologie, müssen dafür einzelne Faktoren festgelegt werden, da auf Pharmaunternehmen andere Faktoren (innerhalb der Technologie) Einfluss nehmen als auf Banken. Die Einflussfaktoren werden bewertet und miteinander vernetzt, um eine Dynamik im Einflussbereich zu erkennen. Dafür gibt es unterschiedliche Methoden wie etwa die Vernetzungsmatrix. Für die vorliegende Arbeit wird jedoch nur das Verständnis der Szenario-Technik als Ganzes für relevant erachtet, deshalb werden die detaillierten Vorgänge nicht genauer ausgeführt (von Reibnitz, 1992, S. 33–35).

Die Stufe 3 wird als *Trendprojektion* bezeichnet, dabei wird versucht, wertneutrale Schlüsselbezeichnungen für die zuvor definierten Einflussfaktoren zu finden, diese sollen die gegenwärtigen und zukünftigen Entwicklungen beschreiben. Ein neutraler Deskriptor (= beschreibendes Kennwort) lässt es zu, besser in alternative Entwicklungen zu denken. In einem Beispiel werden die Begriffe *Marktwachstum* und *Marktentwicklung* gegenübergestellt. Beim ersten Begriff wird vorausgesetzt, dass der Markt immer wächst. Die Möglichkeit, dass sich die Marktentwicklung rückläufig verhält, wird beim bewertenden Deskriptor nahezu ausgeschlossen – deshalb soll immer wertneutral formuliert werden (von Reibnitz, 1992, S. 45–46).

Stufe 4 bildet die *Alternativenbündelung*. Die zuvor entstandenen alternativen Entwicklungen sollen nun „[...] untereinander auf ihre Konsistenz bzw. Verträglichkeit und Logik [...]“ (von Reibnitz, 1992, S. 49) geprüft werden. Prinzipiell gibt es hier wieder unterschiedliche Wege, zum einen können sich in Seminaren durch Gegenüberstellung der Alternativen und deren intuitiver Betrachtung neue Bündel herausstellen. Zum anderen kann in komplexeren Fällen eine detaillierte Analyse mit der sogenannten Konsistenzmatrix erfolgen, das Ergebnis der Analyse sind „[...] in sich konsistente, stabile, aber sehr unterschiedliche Szenarien [...]“ (von Reibnitz, 1992, S. 53).

In Stufe 5 findet die *Szenario-Interpretation* statt, dabei werden unter Beachtung der zuvor gesetzten Schritte die Szenarien ausgestaltet und interpretiert. Bei der Interpretation können oft Eigendynamiken innerhalb der jeweiligen Szenarien entstehen, hier muss genau auf neue Entwicklungen reagiert werden. Beispielsweise ein neues Gesetz tritt in Kraft oder ein neuer Mitbewerber erscheint am Markt – wie wird im Szenario auf diese Veränderung reagiert? Nach Stufe 5 liegen zwei fertig ausgearbeitete, stabile Szenarien bzw. ein Szenarien-Paar vor, welche charakteristische Titel bekommen und gegenübergestellt werden. Zur Verdeutlichung ein paar Beispiele: Optimistisches versus pessimistisches Szenario, Friedens- versus Krisen-Szenario oder Harmonie- versus Disharmonie-Szenario (von Reibnitz, 1992, S. 53–55).

Stufe 6 behandelt die *Konsequenzanalyse*. „Ziel dieses Schrittes ist es, auf der Basis der Szenarien, mögliche Chancen und Risiken für ein Unternehmen abzuleiten, diese zu bewerten und sie mit geeigneten Maßnahmen/Aktivitäten zu versehen" (von Reibnitz, 1992, S. 56). Die Konsequenzanalyse ist der wichtigste Schritt des gesamten Prozesses, es wird die Basis für die spätere, *neue* Leitstrategie gelegt. Um nicht in gewohnte Muster in der Strategieentwicklung zu fallen, werden hier oft Kreativübungen zur geistigen Lockerung durchgeführt (von Reibnitz, 1992, S. 56).

Die Stufe 7, die *Störereignisanalyse* sammelt „[...] abrupt auftretende Ereignisse, die Unternehmen erheblich beeinflussen oder verändern können (im positiven wie im negativen Sinn) [...]" (von Reibnitz, 1992, S. 59). Anschließend werden diese Ereignisse bewertet und Maßnahmen für eine Prävention oder Reaktion ausgearbeitet. Wichtig ist hier die Beschränkung auf Störfaktoren, die maßgeblichen Einfluss auf das Unternehmen haben – vor allem unangenehmen oder negativen Einfluss. Oft werden Ereignisse, welche die Existenz eines Unternehmens beeinflussen, als sehr unwahrscheinlich gesehen und nicht im Detail betrachtet, ist dies der Fall, kann das eine erhebliche Schwäche im Szenario darstellen. Mit der Störereignisanalyse werden nicht nur Schwachstellen im Szenario, sondern auch im Unternehmen selbst identifiziert und können mittels Präventivmaßnahmen bearbeitetet und abgeschwächt werden (von Reibnitz, 1992, S. 59–62).

Stufe 8 ist der finale Schritt der Szenario-Technik nach *von Reibnitz* und wird als *Szenario-Transfer* bezeichnet. Ziel ist es nun, eine Leitstrategie aus den entstandenen Szenarien abzuleiten. Dazu werden die in Stufe 6 definierten Chancen und Risiken nochmals herangezogen. Die Aktivitäten aus beiden Szenarien werden beispielsweise auf Innovation geprüft und anschließend unter den Rahmenbedingungen beider Szenarien eingebettet. Gegebenenfalls müssen hier nachträgliche Anpassungen stattfinden. Zu beachten ist, dass innovative Ideen oder Aktivitäten beibehalten werden, aber in beiden Szenarien funktionieren – daraus wird die Leitstrategie gebildet. Die restlichen Aktivitäten, die nicht der Leitstrategie zugeordnet werden können, werden zu Alternativstrategien verarbeitet. Diese finden jeweils dann Anwendung, wenn das Szenario von Archetyp A oder Archetyp B eintrifft. Ebenso werden im finalen Schritt die Störereignisse und die dafür entwickelten Präventivmaßnamen in das Gesamtkonzept eingearbeitet. Die Strategie wird anschließend auf die vorhandenen Unternehmensbereiche aufgespalten, um konkrete Handlungsweisungen für diese zu erhalten (von Reibnitz, 1992, S. 65–67).

Das gesamte Vorgehen erfolgt in einer Team-Struktur (10–16 Personen), welche sich zumeist aus Führungskräften der verschiedenen Unternehmensbereiche zusammensetzt. Der Prozess wird von einem fachlich kompetenten Moderator, welcher mit den Abläufen der Methode vertraut ist, begleitet. Zu Beginn des Prozesses wird ein sogenannter *Zeithorizont* definiert, dabei versucht wird, festzulegen, wie lange das Unternehmen benötigt, um Innovationen umsetzen, beispielsweise auf den Markt bringen, zu können (von Reibnitz, 1992, S. 32).

Um neuartige bzw. visionäre Alternativgestaltungen hervorzubringen, sind jedoch normative Verfahren und Kreativmethoden (z.B. Zukunftswerkstätten) den Szenario-Methoden vorzuziehen (Steinmüller, 1997, S. 61).

2.1.4 Zukunftswerkstätten

Die Methode der Zukunftswerkstätten nimmt in den 1970er Jahren durch Robert Jungk ihren Ursprung. Förderlich dafür waren damalige politische Demonstrationen, welche die autoritären Mächte hinterfragten. „Das damalige Klima gesellschaftlicher Politisierung passte zum Konzept „Zukunftswerkstatt“.“ (Müllert, 2009, S. 269). Anfänglich wurden einfache Gruppendiskussionen geführt, welche aber nicht die gewünschten Ergebnisse hervorbrachten, somit begann die Entwicklung einer festen Struktur (Müllert, 2009, S. 269). Dieses *Problemlösungskonzept* ermöglicht es, dass fremde Personen sachlich zusammenarbeiten und vor allem, dass Laien in einem kreativen Prozess, Lösungsansätze für unterschiedlichste Themen kreieren (Müllert, 2009, S. 271). Bis zu diesem Zeitpunkt lagen solche Entwicklungen nur in Händen von Experten, Jungk bezeichnete dies als „[...] ein erster Schritt zur Befreiung von der ‚Expertokratie'." (Jungk, 1978, zitiert nach Müllert, 2009, S. 272).

Inhaltlich knüpfte die Methode „[...] an die Belange der Menschen in ihrer unmittelbaren Umwelt, Arbeitsumgebung, Kommune an" (Müllert, 2009, S. 272). Hier werden Themen wie die Entwicklung neuer Arbeitsfelder durch Arbeitslose, die Begrünung in Städten oder die Belebung von Landregionen als Beispiele genannt. Müllert nennt in seinen Ausführungen drei Faktoren, welche zum Erfolg der Zukunftswerkstätten beigetragen haben (Müllert, 2009, S. 269–272):

> 1. *Das gesamtgesellschaftliche Klima*
> Es bestand eine große Aufgeschlossenheit gegenüber Neuem, noch Unausgegorenem und gegenüber Experimenten. In weiten Bevölkerungskreisen war eine Art Mitmachmentalität entstanden. Zukunft sollte nicht länger eine Angelegenheit wohlmeinender Eliten in Wirtschaft, Wissenschaft und Politik sein, sondern vor Ort zusammen mit den Betroffenen gestaltet werden.
>
> 2. *Das Wort „Zukunftswerkstatt"*
> Von Anfang an war das Wort „Zukunftswerkstatt" ein Faszinosum. Es lockte Menschen förmlich zum Kennenlernen an [....].
>
> 3. *Die methodische Einfachheit*
> Es war die Urform der Zukunftswerkstatt, die noch ohne Vertiefungen und Verfeinerungen auskam. So bestand die *Beschwerdephase* aus dem Sammeln von Kritikpunkten in Stichworten und dem Auswählen der Hauptkritikpunkte, die *Phantasiephase* aus Positiv-Umkehrungen der ausgewählten Kritiken sowie einem Ideen-Brainstorming, schließlich wiederum aus einer Auswahl, jetzt der wildesten Ideen, die in der *Verwirklichungsphase* auf Umsetzungsmöglichkeiten hin abgetastet und von denen die interessantesten zu Lösungsansätzen verdichtet wurden.
> (Müllert, 2009, S. 272)

Das Problemlösungskonzept hat sich im Laufe der Zeit weiterentwickelt, es ist nun eine (von vielen) etablierten Methoden und findet in unterschiedlichen Bereichen Anwendung, beispielsweise in der Wissenschaft, der Bildung, der Wirtschaft, der Politik oder Gesellschaft. Zukunftswerkstätten werden gerne in Seminaren als atmosphärisches Stimmungselement integriert, da sie zum einen Ergebnisse hervorbringen als auch die Teamarbeit fördern bzw. auflockern. Zu erkennen ist allerdings, dass die Methode nun wieder stärker von einer elitären Expertengruppe genützt wird, als von den unmittelbaren Betroffenen. Trotz allem hat die Methode über die Jahrzehnte beachtliche Aufmerksamkeit erfahren (Müllert, 2009, S. 274–275). Für Müllert scheint deshalb in der weiteren Entwicklung „[...] alles möglich und alles offen" (Müllert, 2009, S. 275).

Nach einem geschichtlichen Exkurs bezüglich der Entwicklung soll nun ein Einblick in die Vorgehensweise der Zukunftswerkstätten als Problemlösungskonzept gegeben werden.

Die Durchführung einer Zukunftswerkstatt erfolgt in Gruppen (bis zu 25 Personen) und wird durch eine Moderatorin oder einen Moderator angeleitet, welche zu Beginn den Ablauf für die Teilnehmerinnen und Teilnehmer erläutern. Für gewöhnlich gestaltet sich der Ablauf in drei Schritten. Zuerst durchlaufen die Teilnehmerinnen und Teilnehmer eine *Beschwerde- und Kritikphase*, dabei wird der derzeitige Zustand des Themas kritisch betrachtet. Es werden Probleme, Mängel oder störende Sachverhalte identifiziert und gebündelt, um für den nächsten Schritt Schwerpunktthemen zu erhalten. Das Arbeiten mit Materialien wie Plakaten, Tafeln, Aufklebern usw. wird oft empfohlen. In dieser Phase soll das vorgegebene Thema lediglich kritisiert werden – hier sollen noch keine Gedanken für Lösungsansätze verwendet werden. Gegebenenfalls können einzelne Punkte in Kleingruppen näher ausgearbeitet werden, es gilt jedoch in jedem Schritt, dass alle Teilnehmerinnen und Teilnehmer zu Wort kommen und jeder Beitrag als wichtig erachtet wird – alle sind gleichberechtigt. Als nächster Schritt folgt die *Phantasie- und Utopiephase*, dabei ist alles möglich, Zweifel sind unerwünscht. Das Wichtigste in dieser Phase ist es, kreativ zu werden, um Ideen hervorzubringen, ohne sich dabei an die sonst geltenden Regeln der Wirklichkeit zu halten. „Ein erster Schritt kann sein, die Kritikpunkte positiv umzuformulieren" (Reich, 2003, S. 3–4). Der dritte Schritt der Zukunftswerkstätten wird als die *Verwirklichungs- und Praxisphase* bezeichnet, hier werden die utopischen Ideen und Gedanken zu realen Ansätzen verdichtet um anschließend eine Umsetzung zu ermöglichen. Nun betrachtet man auch wieder reale Rahmenbedingungen wie die Gesetzeslage, Finanzen oder Ähnliches (Holzinger & Spielmann, 2002; Müllert, 2009, S. 270; Reich, 2003, S. 3–4).

Zur Veranschaulichung kann die Zukunftswerkstatt in einer Grafik (Abbildung 2, Kuhnt & Müllert, 2006, S. 13) zusammengefasst werden. Sie teilt sich in die Wirklichkeitsebene und in die Phantasieebene, der Prozess startet bei dem Thema, was in der Grafik als das Problem bezeichnet wird. Von dort aus geht man in die drei zuvor beschrieben Phasen über, wobei zu betonen ist, dass die kreative Utopiephase als der Höhepunkt des Prozesses dargestellt wird.

Die Durchführung der Zukunftswerkstätten bringt einige positive Effekte mit sich. Beispielsweise werden auf einer Kommunikationsebene verschiedene Standpunkte geteilt, ohne Hierarchien in der Teamstruktur tritt der Effekt des voneinander Lernens auf. In den Bereichen Motivation und Selbstbestimmung erfährt man positive Effekte, da Probleme ohne Bevormundung durch Experten o. Ä. gelöst werden (Holzinger & Spielmann, 2002). Nach der Verwirklichungsphase geht das Projekt in die neue Wirklichkeitsebene ein.

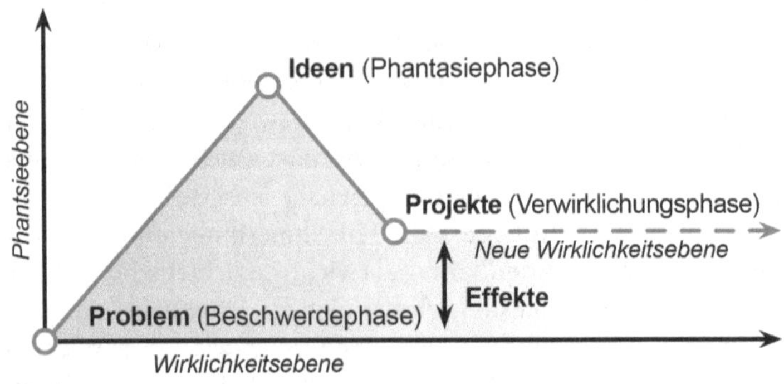

Abbildung 2. Schaubild Zukunftswerkstatt (Kuhnt & Müllert, 2006, S. 13)

2.2 Science-Fiction

Im nächsten Abschnitt wird der Begriff Science-Fiction und dessen Bedeutung näher betrachtet. Dabei werden zwei Teilaspekte hervorgehoben: Science-Fiction als literarisches und filmisches Genre und die Bedeutung von Science-Fiction in der Zukunftsforschung.

Dem Genre wird nach wie vor zugesagt, dass dessen Hauptkonsumenten sozial isolierte Menschen (meist Männer) sind, welche im Allgemeinen als Nerds bezeichnet werden. Dieses Klischee eines Nischenproduktes kann jedoch längst nicht mehr erfüllt werden, da mittlerweile zu viele Erfolge im filmischen und literarischen Bereich sowie im Bereich der Computerspiele dagegensprechen (King/Krzywinska, 2000, zitiert nach Spiegel, 2013, S. 245). Science-Fiction ist nicht nur der Unterhaltungsindustrie vorbehalten, auch die Zukunftsforschung wendet sich dem Genre zu und bezeichnet es als einen „weichen Faktor". Das bedeutet, dass Elemente von Kunst und Kultur in die Forschung miteinfließen, beispielsweise in der besseren Gestaltung von Zukunftsszenarien (Steinmüller, 1995, S. 1).

2.2.1 Entwicklung des Genres

Science-Fiction bedient sich vorrangig einer technizistischen Weltanschauung. Simon Spiegel (2013) beschreibt, dass das Genre anfangs noch eng mit Magie oder phantastischen Elementen verbunden ist. Später kristallisiert sich ein Genre heraus, welches mit visionären Ideen von Wissenschaft und Technik spielt. Als erstes Beispiel ist Frankenscheins Monster (aus Mary Shelleys *Frankenstein oder Der moderne Prometheus*, 1818) zu nennen. Dort wird ein künstlicher Mensch durch (Pseudo-)Wissenschaft, ohne Verwendung von Magie, erschaffen. Die heute allgegenwärtige Bezeichnung Science-Fiction hat jedoch einen viel späteren Ursprung, sie taucht erst Ende der 1920er Jahre im Umfeld amerikanischer Zeitschriften auf und entwickelt sich zu einem eigenständigen Genre. Bis auf vereinzelte Filmproduktionen setzt der „Boom" erst in den 50er Jahren ein. Der thematische Schwerpunkt liegt auf dem Weltall, neue Grenzen werden erkundet und Außerirdische als potentielle Feinde betrachtet. Im nächsten Jahrzehnt

(1960er) werden Science-Fiction-Filme wesentlich aufwendiger produziert, als herausragendes Beispiel ist Stanley Kubricks *2001: A Space Odyssey* (1968) zu nennen. In den nächsten Jahren verändern sich die Inhalte, gesellschaftskritische Themen (wie Überbevölkerung, Umweltverschmutzung, o.Ä.) werden angesprochen – negative, dystopische Zukunftsbilder entstehen. Mit *Star Wars* (1977) wird das Genre auf ein Blockbuster-Niveau gehoben und ein Mainstream-Charakter entsteht, welcher bis heute anhält (Spiegel, 2013, S. 249–251).

2.2.2 Charakteristika von Science-Fiction

Nach einer kurzen Darstellung, wie sich Science-Fiction vor allem im letzten Jahrhundert entwickelt hat, gilt es nun, Charakteristika und Begriffsdefinitionen für das Genre aufzuzeigen, um im späteren Verlauf der Arbeit die Abgrenzung bzw. die Unterschiede zu Design Fiction erkennen zu können.

Eine eindeutige Definition für Science-Fiction lässt sich jedoch nicht sofort finden. Seit der Entstehung des Begriffes gibt es viele Ansätze, was hauptsächlich durch die großen Unterschiede in den Werken, innerhalb dieses einen Genres bedingt ist. „Der von Darko Suvin ursprünglich für die Science-Fiction-Literatur eingeführte Begriff des ‚Novums' (1979: 93) ist in der Science-Fiction-Forschung allgemein akzeptiert" (Spiegel, 2013, S. 247). Das Novum ist ein zentrales Element im Universum der Geschichte, wodurch sich Science-Fiction deutlich vom Fantasy-Genre abgrenzen lässt. „Damit ist die charakteristische Neuerung, das *unmögliche Ding* [...] gemeint, das in unserer empirischen Realität (noch) als unmöglich gilt, die Handlungswelt der jeweiligen Science-Fiction-Geschichte aber entscheidend prägt" (Spiegel, 2013, S. 247).

Dinge, die in diesen narrativen Welten möglich sind, in unserer Realität jedoch nicht, können als „wunderbar" bezeichnet werden, um harte Begriffe wie realistisch oder unrealistisch zu vermeiden. Trotz allem ist „wunderbar" nicht mit „phantastisch" zu verwechseln, was dem Fantasy-Genre zugeschrieben wird. Wie schon zuvor erwähnt, soll jede der genannten Gattungen für sich stehen. Ausschlaggebend für die Unterscheidung ist die Darstellungsweise – die *technizistische Ästhetik* des Science-Fiction-Novums spielt darauf an, in der erzählten Welt logisch und wissenschaftlich zu erscheinen. Als klassische Beispiele für Nova nennt Spiegel Raumschiffe, Zeitmaschinen oder Roboter. Ob diese Gegenstände in der Realität wirklich funktionieren könnten oder in Zukunft einmal umsetzbar sein werden, ist für Science-Fiction jedoch zweitrangig (Spiegel, 2013, S. 248–249).

> Entscheidend ist vielmehr, dass die Science Fiction ästhetisch an unsere Vorstellungen von Technik und Wissenschaft anknüpfen. Wie Raumschiffe in 2001, STAR WARS oder AVATAR im Detail funktionieren, ist letztlich irrelevant; wichtig ist einzig, dass wir sie als Raumschiffe erkennen - weil sie wie Raumschiffe aussehen. Diesen für die Science Fiction zentralen Vorgang - den zumindest oberflächlichen Bezug auf ein wissenschaftlich-technisches Weltbild - bezeichne ich als *Neutralisierung.* (Spiegel, 2013, S. 248)

In einer Fantasy-Welt hingegen, existieren auch magische Gegenstände oder Wesen, welche „[...] wir sofort als Fantasy-Kreaturen identifizieren, die einer eigenen, mit der unsrigen unvereinbaren Weltordnung angehören" (Spiegel, 2013, S. 248). Die Schwierigkeit in der Definition des Genres sind, wie bereits erwähnt, die unterschiedlichen Gruppierungen - dazu kommen noch Mischformen. Als Beispiel nennt Spiegel die Reihe von STAR WARS, hier gibt es sowohl technische Nova als auch Fantasy-Elemente wie die Macht (engl. Force), was eine Art magische Kraft darstellt. Darauf bezogen existieren auch Begrifflichkeiten wie *Science-Fantasy*, was der Komplexität der Genre-Definition nicht entgegenkommt (Spiegel, 2013, S. 249).

Des Weiteren beschreibt Spiegel einen *fiktional-ästhetischen Modus,* was sich auf ein konkretes „Weltendesign" bezieht, durch welches die Art und Weise beschrieben wird, wie das erzählte Universum funktioniert. Der fiktional-ästhetische Modus fungiert wie eine Klammer, die über das eigentliche Science-Fiction-Genre gesetzt wird - innerhalb dieser Klammer existieren bekannte Genres „[...] wie etwa der *Invasionsfilm*, die *Space Opera*, der *Superheldenfilm* oder die *Dystopie* [...]" (Spiegel, 2013, S. 249). Ebenso wie die Neutralisation, zielt der fiktional-ästhetische Modus auf das Zusammenspiel zwischen Funktion und Darstellung der erschaffenen Welt ab (Spiegel, 2013, S. 249).

Ein weiterer, zu betrachtender Begriff ist die Verfremdung. In der Science-Fiction werden der Bezeichnung unterschiedliche Interpretationen zugeschrieben. Im Folgenden wird der Begriff der *diegetischen Verfremdung* definiert. Spiegel beschreibt diesen Zustand als den Zusammenstoß zweier Welten, zum einen der realen Welt, zum anderen einer Welt, welche mit der realen Welt kompatibel ist, in welche aber wunderbare Elemente integriert sind. So wird die gewohnte Welt in ein neues Umfeld gestellt, es findet eine Rekontextualisierung statt (Spiegel, 2013, S. 254).

Zusammengefasst kann gesagt werden, dass Science-Fiction nach Spiegel als ästhetisch-fiktionaler Modus anstatt als Genre beschrieben wird. Neutralisierung befasst sich damit, fiktionale Nova in unsere gewohnte Welt zu integrieren und diese logisch erscheinen zu lassen – was als Reflexion von Angst und Hoffnung vor technischem Fortschritt gesehen werden kann. Das Konzept der (diegetischen) Verfremdung versucht durch die Handlung, Bekanntes oder Gewöhnliches in einen neuen Kontext zu setzen. Im Mainstream-Bereich wird weniger auf Verfremdung gesetzt, vielmehr kommt das Konzept der Neutralisierung zum Einsatz (Spiegel, 2013, S. 261).

2.2.3 Science-Fiction als weicher Faktor der Zukunftsforschung

Die beiden Felder Science-Fiction und Zukunftsforschung sind aus dem spekulativen Schreiben entstanden und sind Neologismen aus dem 20. Jahrhundert (Miles, 1993, S. 316). Die Fachgebiete beeinflussen sich gegenseitig, obwohl die Science-Fiction die ältere Disziplin ist (Miles, 1993, S. 319).

Im Folgenden soll geklärt werden, welche Relevanz Science-Fiction in der Zukunftsforschung hat und somit in weiterer Folge für das Kernthema (Design Fiction) dieser Arbeit.

Die Science-Fiction wird von Steinmüller als „ein weicher Faktor der Zukunftsgestaltung“ (1995, S. 1) beschrieben. Schon bei Elkins (1979) heißt es, dass „[…] forcasts extrapolated from “hard data“ furnished by computers, are no more accurate or significant than the prophecies of the great social philosophers […]“ (Elkins, 1979, S. 20). Das bedeutet eine Zuwendung zu „[…] den Einflüssen von Kultur, von Lebensweisen, von Mentalitäten auf den Wandel der Gesellschaft als Ganzes, die Entwicklung von Wirtschaft und Technik“ (Steinmüller, 1995, S. 1). Zukunft soll demnach nicht als unbeeinflussbarer Fortschritt gesehen werden, sondern als eine zu gestaltende Dimension der Zeit. Dabei soll die Wirkung von Kunst und Kultur nicht außer Acht gelassen werden, da sie mögliche Lösungsansätze für die Zukunftsforschung bieten. Science-Fiction als literarische oder filmische Kunstform bekommt die Aufgabe, das *Zukunftsdenken* zu fördern (Steinmüller, 1995, S. 1–2).

2.2.4 Auswirkung von Begriffen und Bildern auf die Zukunft

In der Forschungsarbeit von Steinmüller formuliert er folgende Rahmenhypothese: „Zukunft wird heute zumeist in Begriffen und Bildern gedacht, die entweder der Science Fiction entlehnt sind oder sich in dieser wiederfinden. Über diese Begriffe und Bilder wirkt Science Fiction auf die Zukunftsgestaltung“ (Steinmüller, 1995, S. 3). Das Forschungsprojekt kann in drei Bereiche gegliedert werden, nämlich die Auswertung von Literatur, Experteninterviews und diversen Fallstudien. Die Ergebnisse der Literaturrecherche und der Expertenmeinungen werden an dieser Stelle kurz umrissen (Steinmüller, 1995, S. 3–4).

Für Steinmüller hat die Literaturauswertung ergeben, dass Science-Fiction eine Materialquelle darstellt, welche unterschiedliche Funktionen erfüllen kann. Eine heuristische, also auf Annahmen basierte Funktion hilft dabei, Folgen technologischer Innovationen zu erkennen. Ebenso kann eine bewertende oder (früh)warnende Funktion wahrgenommen werden. Die Themen in der Science-Fiction können für die Zukunftsforschung auch ein Anzeichen für kulturelle Trends darstellen, Prognosen durch Science-Fiction werden eher kritisch gesehen. Als Kunstform genießt das Genre (bzw. der ästhetisch-fiktionale Modus) Freiheiten, welche die Zukunftsforschung nicht hat und kann somit „[…] als Gegenpol zu einer quantitativen, rationalistischen Futurologie“ (Steinmüller, 1995, S. 35) gelten. Ein weiterer Vorteil sind die konkreten Vorstellungen, die in den Narrationen bis ins letzte Detail ausgearbeitet werden, aber nicht unbedingt neue Erkenntnisse erzwingen wollen (Steinmüller, 1995, S. 35–36).

Die Expertenbefragung bestätigt ebenso wie die Literaturauswertung zum größten Teil die Rahmenhypothese aus Steinmüllers Forschungsprojekt zur Science-Fiction in der Zukunftsforschung. Die Expertenmeinungen ergeben, dass Diskussionen über Probleme im technischen und wissenschaftlichen Fortschritt angeregt werden. Eine „[...] globale, menschheitliche Perspektive [...]" (Steinmüller, 1995, S. 155) wird vermittelt. Wunsch- und Warnbilder werden erzeugt, um Technikflogen frühzeitig zu erkennen. Wie schon die Literaturauswertung ergeben hat, wird der Science-Fiction keine Prognosefähigkeit zugeschrieben, hingegen eine gewisse Funktion in der Kreation von sozialen Utopien. Durch die Expertinnen und Experten ist die klare Meinung vertreten, dass die Science-Fiction ihre Rezipienten nicht auf die Zukunft vorbereiten kann, ebenso prägt sie nicht überwiegend die Zukunftsvorstellungen der Bevölkerung. Zusammenfassend kann gesagt werden, dass Science-Fiction gute Ansätze bietet, jedoch als Kunstform in der Forschung kritisch betrachtet werden muss (Steinmüller, 1995, S. 155–156).

Trotzdem spricht eine gewisse Trefferquote in der Science-Fiction, bei innovativer Technologie, für sich. Menschen am Mond, Solarkollektoren, automatische Übersetzung, Roboter und vieles mehr sind Beispiele von fiktionalen Visionen, die erst viel später von der Wissenschaft aufgegriffen und verwirklicht wurden (Steinmüller, 2010, S. 19). In Stanley Kubricks *2001: A Space Odyssey (1968)* war zum ersten Mal ein Tablet-Computer zu sehen, das erste iPad von Apple erschien allerdings erst 2010 am Markt. Fliegende Autos wie in *Blade Runner (1982)* gibt es zwar noch nicht, jedoch gibt es schon Konzepte für Drohnen, die Passagiere transportieren. Iron Man verwendet seit 2008 eine intelligente Sprachsteuerung, drei Jahre später wird die Spracherkennung Siri (Apple) veröffentlicht. Technologische Entwicklungen und Trends bedeuten für Unternehmen nicht nur, neue Produkte auf den Markt zu bringen, sondern auch eine Veränderung von Geschäftsmodellen. Es ist daher sicher sinnvoll, die *wunderbaren* Entwicklungen aus der Science-Fiction nicht unbeobachtet zu lassen, da in ihnen oft interessante Zukunftsvisionen stecken (Vollmer, 2018).

2.3 Design und Designforschung

Nachfolgend wird nach Definitionen für Design gesucht, um die Begriffs-Zerlegung der Methode *Design Fiction* zu vervollständigen. Neben der Wortbedeutung an sich wird in einem kleinen Exkurs ein Blick auf Design im Forschungsumfeld geworfen.

2.3.1 Design aus der Sicht von Designern

Design wird im ursprünglichen Sinn als „formgerechte und funktionale Gestaltgebung und daraus sich ergebende Form eines Gebrauchsgegenstandes o.Ä." (Dudenredaktion „Design", o. J.) definiert.

Stefan Sagmeister hingegen beschreibt in einem Interview die Schönheit als „[...] Kombination von Gestalt, Farbe, Materialität, Komposition und einer Form, die unsere ästhetischen Sinne anspricht, speziell unser Sehen" (Sagmeister, 2018). Er beschreibt zwar hier die Schönheit, bezieht sich dabei aber wie bei der Definition des Wortes Design, ebenfalls auf eine Form. Allerdings ist Sagmeister der Meinung, dass die Schönheit auch den ästhetischen Sinn ansprechen muss. In den Zehn Thesen für gutes Design, hält der Autor Rams fest, dass gutes Design auch ästhetisch ist. Somit lässt sich ein gewisser Bezug der Begriffe, Design und Schönheit herstellen. Im Folgenden werden die Definitionen, wie Rams *Design* sieht angeführt.

Ende der 1970er Jahre entwickelte der Industriedesigner Dieter Rams seine *Zehn Thesen für gutes Design* um seine eigene Arbeit zu hinterfragen und um Ordnung in einer Welt aus verwirrenden Formen, Farben und Geräuschen zu schaffen (Rams, o. J.). Die Thesen lauten:

Gutes Design ist innovativ
Gutes Design macht ein Produkt brauchbar
Gutes Design ist ästhetisch
Gutes Design macht ein Produkt verständlich
Gutes Design ist unaufdringlich
Gutes Design ist ehrlich
Gutes Design ist langlebig
Gutes Design ist konsequent bis ins letzte Detail

Gutes Design ist umweltfreundlich
Gutes Design ist so wenig Design wie möglich (Rams, o. J.)

Die erste These besagt, dass Design mit dem technischen Fortschritt geht und somit auch in Zukunft neue Gestaltungskonzepte hervorbringt, welche aber immer für den Fortschritt entstehen und nicht zum Selbstzweck. Die zweite These behandelt die Brauchbarkeit eines designten Objektes, womit Rams meint, dass das oberste Ziel die Funktionalität sein muss. Eine psychologische und eine ästhetische Funktion sieht er jedoch als Ergänzung dieser These. Die dritte These behandelt die Ästhetik selbst. Hier spielt er auf ein gutes Wohlbefinden bei der täglichen Nutzung an – „Schön sein kann aber nur, was gut gemacht ist" (Rams, o. J.). In der vierten These pocht er auf eine Selbstverständlichkeit in der Nutzung eines designten Produktes. Jedes Produkt wird für eine bestimmte Anwendung geschaffen, in der fünften These sagt Rams, dass ein Design neutral sein soll. Ein dekorativer Aspekt soll nicht im Vordergrund stehen. Die Ehrlichkeit in These sechs appelliert an das Design, nichts zu versprechen, was es nicht halten kann. Die Langlebigkeit eines designten Produktes wird in These sieben thematisiert und soll einer Wegwerfgesellschaft entgegenwirken. These acht spielt auf den Respekt gegenüber dem Nutzer an, Genauigkeit in der Gestaltung ist gefragt. In der neunten These beschreibt Rams den Umgang mit umweltschonenden Materialien, er warnt jedoch auch vor visueller Verschmutzung. Die letzte These besinnt sich auf grundlegende Elemente im Design, was sich mit dem Sprichwort *so viel wie nötig, so wenig wie möglich* gut zusammenfassen lässt (Rams, o. J.).

2.3.2 Design im Forschungsumfeld

In einem Forschungsprojekt der Hochschule Luzern wird ebenfalls der Versuch unternommen, Design zu definieren – speziell geht es um Designwissenschaft und Designforschung. Anfangs wird der Begriff Design von unterschiedlichen Standpunkten betrachtet, anschließend eine Einführung in die Designforschung gegeben (Hugentobler et al., 2008, S. 4–6).

Einführend wird *Design als berufliche Disziplin* betrachtet, darin wird die größte Verbreitung des Begriffes gesehen. Diese Disziplin „[...] ist faktisch nach Zahl und Umfang z.B. der Protagonisten, Veröffentlichungen, wahrnehmbarer Ereignisse [...] die stärkste" (Zerweck, 2008, S. 8). Im beruflichen Umfeld ist festzustellen, dass es in unterschiedlichen Ländern oder Kulturen unterschiedliche Zugänge zu Design gibt. In den Bezeichnungen der speziellen Disziplinen kursieren vielfältige Begriffe „(z.B. Musterzeichner, Formgeber, Gestalter, Designer)" (Zerweck, 2008, S. 8), die Aufgaben sowie die Berufsbezeichnungen ändern sich bis heute stetig. Zentraler Aspekt ist jedoch *das Schaffen* und nicht der oder die Gestaltende, deshalb ist vor allem in Mitteleuropa eine Nähe zur Künstlerin oder zum Künstler nicht abzustreiten. Aufgrund vieler verschiedener Disziplinen und Arbeitsweisen lässt sich Design als berufliche Disziplin nicht eindeutig auf eine Hauptgruppe reduzieren. Vielmehr kann man aufgrund der entstehenden Designobjekte drei Richtungen erkennen: Die *dreidimensionalen Designer*, die *zweidimensionalen Designer* und die *virtuellen Designer*. Zum dreidimensionalen Bereich zählt beispielsweise das Gestalten von Produkten wie Schmuck, Keramik, Mode aber auch der Bereich von Architektur und Innenarchitektur. Mit dem zweidimensionalen Bereich ist Grafikdesign und Fotografie gemeint, in der virtuellen Gestaltung finden Designs von Interaktionen, Medien oder Games ihren Platz. Die Grenzen der Disziplinen werden als fließend beschrieben. Grundsätzlich wird Design als Beruf angesehen, welcher zu erlernen ist, wodurch sich eine Vielzahl an Ausbildungsinstituten etablieren konnte (Zerweck, 2008, S. 8–9). In einer Zeit, in der „[...] sich die Anforderungen an das Design als Dienstleister in der Wirtschaft stark wandelt, wird es interessant sein zu beobachten, wie sich die berufliche Disziplin, gestützt auf die akademische Ausbildung, verändern wird" (Zerweck, 2008, S. 9–10).

In einem anderen Standpunkt beschreibt Hugentobler *Design als Handlungsweise*, also als Entscheidungsträger menschlicher Handlungen. Dabei stützt er sich, unter anderem, auf die Bezeichnung „natural human ability" von Nelson & Stolterman (2003, zitiert nach Hugentobler, 2008). Demnach ist Design nicht einer Profession vorbehalten, sondern kann vielmehr als strategisches Vorhaben zur Problemlösung gesehen werden. Das Konzept von Design als Handlungsweise findet insofern Berechtigung, dass es von anderen Disziplinen wie dem Management aufgenommen wird. Aber auch, weil Designerinnen und Designer versuchen ihre Fähigkeiten in andere Disziplinen zu tragen (Hugentobler, 2008, S. 14–15).

> Sobald sich Nicht-Designer (Professionals, nicht Laien) Designfähigkeiten aneignen, spielen Kräfteverhältnisse schnell zu Ungunsten von Designern (power-game). Übertragen andererseits Designer ihre Fähigkeiten auf andere Bereiche, dann übersehen sie möglicherweise die Notwendigkeit neuer Fähigkeiten, die sie erst zu ernstzunehmenden Akteuren machen. (Zerweck, 2008, S. 15)

Neben vielfältiger Begriffsdefinitionen von Design stellt sich auch die Frage der Erforschbarkeit von Design. Die Schwierigkeit dabei ist oft allein die Vorstellung, wie man eine kreative bzw. intuitive Tätigkeit in einen kritisch-rationalen Forschungsprozess einbindet. Im Bereich der Forschung sind unterschiedliche Bedeutungen von Design zu beachten. Eine deutschsprachige Definition bewegt sich in Richtung *formal/künstlerische Aspekte*, im Englischen meint man hingegen eher eine *planerische Tätigkeit*. Die Diskrepanz in den Begrifflichkeiten zieht sich bis in die Fragestellung, was Designforschung genau bedeutet. In diesem jungen Forschungsgebiet existieren mehrere Ansätze, welche auf zwei grundlegende Fragen zurückgeführt werden können. Wieviel Wissen stammt aus einem anderen Wissensbereich und wieviel Wissen kann die Designpraxis selbst bereitstellen (Mareis, 2008b, S. 19–20). Oft wird in der Designforschung aus einer anderen wissenschaftlichen Disziplin heraus gearbeitet, was die Diskussion aufwirft, ob Designforschung als „[…] eigenständige universitäre Disziplin […], wie etwa Kunstgeschichte oder Ingenieurswissenschaften" (Mareis, 2008a, S. 24) gesehen werden kann. Wie alle Forschungsdisziplinen soll auch die Designforschung neues Wissen generieren. Hier ist allerdings zu unterscheiden ob Wissen *über* Design generiert wird oder ob Wissen *mit* oder *durch* Design generiert wird. Diese Ansätze können bei abschließenden Arbeiten in universitären Designausbildungen folgendermaßen beobachtet werden: Wissen über Design wird überwiegend als theoretische Arbeit verfasst. Im Ansatz, der Wissen durch Design produzieren soll, wird *by project* gearbeitet (Mareis, 2008a, S. 23–24). Hier ist „[…] das Kernstück der Forschungsarbeit ein praktisches Designprojekt, das nur von einem kurzen theoretischen

Text begleitet wird. Bei letztgenanntem Ansatz wird also davon ausgegangen, dass Designer mittels praktischem Tun neues Wissen erzeugen können" (Mareis, 2008a, S. 24).

Design an sich als auch der Begriff sind vielschichtig. Diese allgemeinen Definitionen sollen im folgenden Verlauf der vorliegenden Arbeit unterstützen, um besser zu erkennen, welchen Standpunkt *Design* in der zentralen Methode *Design Fiction* einnimmt.

2.4 Zwischenfazit I

Steinmüller (1995, S. 1) bezeichnet die Science-Fiction in der Zukunftsforschung als „weichen Faktor". Die drei zuvor behandelten Themengebiete Zukunft, Fiction und Design sind im Grunde alle als weiche Faktoren zu beschreiben. In jedem Gebiet gibt es die unterschiedlichsten Herangehensweisen und es wird viel Interpretationsspielraum bereitgestellt. Natürlich sind auch klar definierte Methoden zu finden, es gibt jedoch nie nur das eine richtige Ergebnis.

Im Bereich der Zukunftsforschung konnte die Erkenntnis gewonnen werden, dass in den unterschiedlichen methodischen Zugängen oft in Workshop-Strukturen gearbeitet wird. Daraus ist zu schließen, dass Elemente aus diesem Gebiet in mancherlei Hinsicht eine Relevanz für die Beantwortung der Hauptforschungsfrage darstellen. Die zwei herausgearbeiteten Methoden bieten in konkreten Punkten gute Richtungsweiser, welche in einem Workshop zur Anwendung von Design Fiction eingearbeitet werden können. Der *Szenario-Transfer* in der Szenario-Technik nach von Reibnitz ist ein Verfahren, in dem fiktionale Ideen und mögliche Szenarien in ein konkretes Strategiekonzept umgewandelt werden, um die Elemente aus den entstandenen Visionen auch tatsächlich im Heute anwendbar zu machen. In der Störereignisanalyse werden bewusst Störereignisse in die Szenarien gesetzt, um präventive Notfallpläne zu erarbeiten und die Szenarien so stabiler zu machen. Dieser Ansatz kann in einem Design Fiction Workshop dazu dienen, um in einem fiktionalen Entwurf das Gleichgewicht zwischen Utopie und Dystopie zu halten. Die Zukunftswerkstätten nach Jungk sind durch ihr gutes gesellschaftliches Klima eine weitere Methode, deren einfache Struktur in der späteren Workshop-Entwicklung einen positiven Beitrag leisten kann. Weiters konnte festgestellt werden, dass ein prägnanter Titel neugierig macht und zum Mitmachen einlädt. Die ursprüngliche Grundaussage der Zukunftswerkstatt, dass die betroffenen Menschen (nicht nur Experten) am Entwurfsprozess teilhaben sollen, ist jedoch die wichtigste Erkenntnis der Methode – so können festgefahrene Denkmuster unterschiedlicher Expertengruppen durchbrochen werden.

In der Science-Fiction werden Begriffe wie Weltendesign, Novum oder Verfremdung verwendet, was im Grunde bedeutet, dass durch Narration in eine fremde (nicht zwangsläufig zukünftige) Welt spekuliert wird. Diese Beschreibung ist der von Design Fiction oberflächlich betrachtet sehr ähnlich, was bedeutet, dass ein gutes Verständnis von Science-Fiction für die tiefere Recherche der zu behandelnden Designmethode unabdingbar ist.

Design wird oft aus einem Zusammenspiel von Form, Funktion und Ästhetik beschrieben. Mit der These, „Gutes Design ist innovativ" (Rams, o. J.) wird versucht, auszudrücken, dass Design immer Hand in Hand mit dem (technischen) Fortschritt geht. Das macht Design zu einer Methode, um Zukunft zu erschaffen und deutet somit darauf hin, dass Design Fiction ebenso eine Zukunftsgestaltungs-Methode ist, ohne den Begriff „Zukunft" verwenden zu müssen. Die Definition „natural human ability" (Nelson & Stolterman, 2003, zitiert nach Hugentobler, 2008, S. 14) bezeichnet Design als natürliche menschliche Fähigkeit, also als einen Zugang zur Problemlösung und nicht als Disziplin, die einer Profession vorbehalten ist. Hier lässt sich eine Empfehlung ableiten, welche direkt betroffene Menschen einer bestimmten Sache in einen Entwurfsprozess (ggf. Lösungsprozess) miteinbezieht. Diese Empfehlung konnte auch schon im Konzept der Zukunftswerkstätten herausgelesen werden.

3 Design Fiction

Im Folgenden Kapitel wird nun die Methode *Design Fiction* genauer betrachtet. Zu Beginn wird der Ursprung des Begriffes bzw. der Methode ausfindig gemacht und dargelegt. Anschließend gilt es, die Termini *Critical Design* und *Speculative Design dem Design Fiction gegenüberzustellen und festzumachen, ob und wie diese sich* differenzieren. Ebenso wird die zentrale Rolle des *Prototypings* erörtert, um die wichtigsten Kriterien eines Prototyps im Design Fiction herauszuarbeiten. Nach beschriebener Aufarbeitung der Methode wird das Konzept der Zukunftsebenen von Dunne & Raby miteinbezogen, um eine Anwendungsmöglichkeit für das spätere Workshop-Konzept zu prüfen.

Im Zwischenfazit dieses Kapitels können folgende Teilforschungsfragen beantwortet werden:

- Was ist die Kernaussage der Designmethode *Design Fiction*?
- Was ist das Ziel der Designmethode *Design Fiction* und welche Art von Ergebnissen will sie hervorbringen?

3.1 Entwicklung und Definition von Design Fiction

Design Fiction ist ein Begriff bzw. eine Designpraxis, die nunmehr schon seit einem guten Jahrzehnt durch das Universum von zukunftsorientiert denkenden Designern schwirrt und kann somit noch als „neue" Methode gesehen werden. Nichtsdestotrotz existieren schon einige Arbeiten, die versuchen, die Aussagen von *Design Fiction* zusammenzufassen. Zwei Arbeiten, die sich unter anderem mit der Definition von *Design Fiction* befassen, stammen von Schäfer (2014) und von Heidingsfelder (2018).

In einer Einführung beschreibt Heidingsfelder den Begriff als einen Hybriden, welcher aus den Bedeutungen der beiden Wörter Design und Fiktion besteht:

> Im Kompositum werden zwei Begriffe zu einem interdisziplinäreren Hybrid zusammengefügt. Auf der einen Seite verweist das Kompositum auf das Design, die Disziplin des Formgebens und Gestaltens; und auf der anderen Seite verweist es auf die Fiktion, die „Schaffung einer künstlichen Welt". Sowohl das Design, als auch die Fiktion implizieren die Geste des Entwerfens und damit eine Abgrenzung von dem, was bereits Realität ist. In Abgrenzung zur Fiktion hat das Design als Formgebung von Artefakten, indem es Dinge oder Entwürfe in die Welt bringt, aber einen starken Bezug zur Realität. Die „Formgebung einer künstlichen Welt", wie Design Fiction übersetzt werden könnte, schafft damit eine Brücke zwischen Fiktion und Realität […]. (Heidingsfelder, 2018, S. 88)

Schäfer hingegen zieht für eine erste Definition ein Zitat von Bleecker heran. „Design Fiction is an approach to design that speculates about new ideas through prototyping and storytelling. The goal is to move away from the routine of lifeless scenarios-based thinking" (Bleecker, 2010, zitiert nach Schäfer, 2014, S. 34).

Der weitaus gängigere Innovationsansatz – *Design Thinking* – weist einige Ähnlichkeiten zu *Design Fiction* auf. „Das Design Thinking-Verfahren orientiert sich an der Arbeit von Erfindern und kreativen Entwicklern […]" (Aerssen et al., 2018, S. 276). Ebenso können die Prototypen des *Design Fiction* als Erfindungen gesehen werden, jedoch Erfindungen einer zukünftigen oder parallelen Welt. Die Prototypisierung sowie interdisziplinäre Teams spielen in beiden Ansätzen eine Rolle. Der markante Unterschied zu Methoden wie dem *Design Thinking* sind allerdings die Narrationen, die Rund um diese Erfindungen entstehen. Jeder Prototyp erzählt eine Geschichte über die Welt, aus der er stammt. Nachfolgend wird im Detail betrachtet, wie *Design Fiction* in der Fachliteratur gesehen wird.

3.1.1 Literarisches Design Fiction

Als Erfinder des Begriffes *Design Fiction* wird der Science-Fiction-Autor Bruce Sterling genannt, welcher sich dem Thema zunächst auf einer literarischen Ebene nähert (Heidingsfelder, 2018, S. 90; Schäfer, 2014, S. 32).

In seinem Werk *Shaping Things* nennt Sterling den Begriff das erste Mal. Er schreibt zunächst über Gadgets und der Liebe zu technischen

Spielereien in der Science-Fiction – Sterling erkennt für sich, wenn er über solche wunderbaren oder spekulativen Gegenstände schreiben will, darf eine Auseinandersetzung mit Design nicht fehlen. „There is no such scientific discipline as "Gadgetology". If you want to write effectively about gadgets, you must come to terms with design" (Sterling, 2005, S. 29). Ein detailliertes Wissen über die Thematik, die beschrieben wird, ist ausschlaggebend für die Qualität der Narration. Für Sterling macht es mehr Sinn, *Design Fiction* zu schreiben als Science-Fiction, obwohl der Leser den Unterschied kaum wahrnehmen kann. Design Fiction opfert in gewisser Weise einen Teil des Wunderbaren von der Science Fiction, kommt aber näher an den technosozialen Konflikt, den die fiktiven Gegenstände – die Gadgets, aufwerfen (Sterling, 2005, S. 28–30).

Sterling ist der Ansicht, dass Science-Fiction-Objekte und -Services oft schlecht gestaltet sind. Es fehlt an Elementen die im realen Design, wie z.B. Industrial Design immer mitbedacht, bzw. mitgestaltet werden müssen. Glamourös gestalteten Nova fehlen oft Faktoren wie gesetzliche Richtlinien durch Behörden oder User-Feedback. Design-Denken hilft demnach der literarischen Science-Fiction, sich zu verbessern und durch Details mehr Tiefe zu bekommen (Sterling, 2009, S. 21).

"Design and literature don't talk together much, but design has more to offer literature at the moment than literature can offer to design. Design seeks out ways to jump over its own conceptual walls [...]" (Sterling, 2009, S. 23–24).

3.1.2 Design Fiction als materialisiertes Gedankenexperiment

Nach Sterlings Ausführungen gewinnt die Thematik *Design Fiction* durch Julian Bleeckers Essay (2009) immer mehr an Beachtung. Bleecker sieht Design Fiction als Gedankenexperimente, welche „[...] Objekte durch Missachtung technischer Limitationen [...]" (Schäfer, 2014, S. 32) hervorbringen. „Für ihn ist Design Fiction eine Designpraxis, die sich mit dem Design von Artefakten möglicher Zukünfte und ihrem soziokulturellen Kontext sowie den möglichen Handhabungen der Artefakte auseinandersetzt" (Schäfer, 2014, S. 32).

In seiner Arbeit *Design Fiction – A short essay on design, science, fact and fiction* (2009) setzt sich Bleecker zunächst mit Design auseinander. Laut seinen Ausführungen nützt Design Vorstellungskraft, Kreativität, anderes Denken, es schafft Unerwartetes und erzählt neue Geschichten. Beim Betrachten von etwas „Designtem" wird klar, dass durchdachte Entwicklungen im vorliegenden Objekt stecken – jedoch nicht nur bei Objekten, auch in anderen Fachrichtungen kann diese Beobachtung festgestellt werden. Bleecker nennt Business- bzw. Finanzdesign – hier wird Design nicht in einer klassischen, formgebenden Weise verwendet, jedoch suggeriert die Begrifflichkeit, dass neue Wege oder innovative Ideen in der Struktur beschritten werden. Somit ist Design in der Lage, die eigene Vorstellungskraft in materielle Dinge einzubetten und schafft so eine Brücke zwischen harten Fakten (z.B. der Technik) und reflektierenden, selbstkritischen Ansichten der Kunst (Bleecker, 2009, S. 4).

Die Materialisierung spielt in Bleeckers Essay eine wesentliche Rolle. Design ist ein Weg, Gedanken und Ideen zu beschreiben (materialisieren), ohne dafür Worte für die Spekulation oder Imagination in andere Welten zu verwenden. Durch die Materialisierung von Ideen, welche aus Design, wissenschaftlichen Tatsachen und Fiktionen stammen, entstehen Objekte und erzählen neue Geschichten. „Design fiction as I am discussing it here is a conflation of design, science fact, and science fiction" (Bleecker, 2009, S. 6).

Im Weiteren soll Bleeckers Essay klären, wie Science-Fiction ein Bestandteil wissenschaftlicher Praxis werden kann. Die konzipierten Objekte anderer Welten, welche in der Science-Fiction-Literatur entstehen, können in einem ähnlichen Sinn wie Design Fiction verstanden werden. Diese Design-Fiction-Artefakte stammen metaphorisch aus einer nahen Zukunft oder anderen Welt und stellen für unsere Realität ein Puzzle dar. Die Bedeutungen der Objekte müssen entschlüsselt werden – sie können von sozialen Ritualen, gesellschaftlichen Gepflogenheiten oder veränderten gesetzlichen Rahmenbedingungen umgeben sein. Wie anfangs erwähnt, spielt das außer Acht lassen von technischer Limitation eine wesentliche Rolle (Bleecker, 2009, S. 6–7):

> Design fictions help tell stories that provoke and raise questions. [...] In the speculation, design fiction casts a critical eye on current object forms and the interaction rituals they allow and disallow. [...] It is concerned

> more about exploring multiple potential futures rather than filling out the world with uninspired sameness. (Bleecker, 2009, S. 8)

Zusammenfassend kann Design Fiction nach Bleeckers Ansichten als eine Methode gesehen werden, die spekulative Geschichten durch Objekte erzählt. Diese Geschichten sind notwendig, um sich neue bewohnbare Zukunftswelten vorzustellen. Geschichten, die etwas zum Anfassen haben, sind besser und überzeugender – die Designobjekte bringen sie voran und helfen uns bei der Imagination der zukünftigen Welt (Bleecker, 2009, S. 83).

3.1.3 Statements über Design Fiction (2010 bis 2020)

Nach den beiden elementaren Arbeiten von Sterling und Bleecker wurde die Thematik von Design Fiction populär und in den vergangenen zehn Jahren oft aufgegriffen. Im Folgenden sollen unterschiedliche Statements über Design Fiction zusammengetragen werden, um anschließend etwaige Entwicklungen daraus ableiten zu können.

Grand und Wiedmer (2010) sehen Design Fiction als eine neue Perspektive in der Designforschung. Design Fiction hinterfragt das Selbstverständliche und versucht in neue, mögliche Zukünfte zu blicken. Die Welt, wie sie sein könnte, wird durch unterschiedliche Arten der Visualisierung (Prototypen, Artefakte, Installationen o.Ä.) materialisiert. Aufgabe der Designforschung ist zu erkennen, ob die Entwürfe aus Design Fiction zu utopisch oder zu realitätsnahe sind. Utopien haben mit den Fragen unserer Wirklichkeit zu wenig gemeinsam und zu realistische Darstellungen sind nicht in der Lage, neue Ideen und Perspektiven zu provozieren. Mithilfe eines Methodenbaukastens wird versucht, eine Forschungsstruktur aus einer Kombination von Design und Research zu etablieren (Grand & Wiedmer, 2010).

Im Artikel *Design Fiction is Not Necessarily About the Future,* stellt *Björn Franke (2010)* die Frage, ob die Diskussion von Design und Fiktion etwas Neues hervorbringt oder ob nur etwas Altes neue Labels bekommt, da Design schon immer in die Zukunft projizierte. Fiktionales Design findet für ihn jedoch nicht ausschließlich in der Zukunft statt, es kann auch aus einer alternativen Gegenwart stammen. Franke hält dazu an, Design Fiction als poetische Gestaltung oder als philosophische Auseinandersetzung mit moralischen Werten zu betrachten (Franke, 2010, S. 80–81). Die Designobjekte, die er beschreibt, öffnen der Realität eine Tür zu möglichen Welten. Diese Objekte können im fiktionalen Design auf zwei unterschiedlichen Arten verwendet werden. Zum einen als Hilfsmittel, sich eine mögliche Welt vorzustellen, zum anderen, um diese mögliche Welt glaubhaft erscheinen zu lassen. Gegenstände sind ein nützliches Instrument, sie sind so sehr mit der Welt, aus der sie stammen, verknüpft, dass sie in der Lage sind, die dortigen Komödien oder Tragöden zu erzählen (Franke, 2010, S. 89).

Markussen und Kuntz (2013) verfolgen einen Ansatz aus einem Zusammenspiel der Designpraxis und der Poetik. Mögliche Welten von Design Fiction sollen sich innerhalb der Poetik finden. „Originally, poetics is conceived of as the discipline within literary theory and semiotics, which studies the verbal and compositional techniques of fictional world making in the literary work of art" (Markussen & Knutz, 2013, S. 231). In diesem Sinne, sehen die Autoren in der Poetik von Design Fiction die Aufgabe, die Designpraxis formal zu beschreiben. Weiters beschreiben sie eine Methode, in welcher literarische Praxis und Designpraxis gleichberechtigt sind und vorwiegend in der Forschung Anwendung finden. Dabei beziehen sie sich auf die Toolbox von *Grand und Wiedmer (2010)*, bemängeln aber die Klarheit der Werkzeuge. Dieses Problem soll mit der Vier-Stufen-Methode behoben werden. Stufe 1 ist die „Writing Phase", in der ein Szenario (max. eine Seite) kreiert wird. Eine seltsame, persönliche Erinnerung wird aufgeschrieben und in den Kontext des vorgegeben Themas (bei Markussen und Kuntz wird der Bürgerkrieg in Dänemark als Beispiel verwendet) gesetzt. Die Erinnerung sollte nun so formuliert sein, als ob sie vor, während oder nach dem vorgegebenen Ereignis stattgefunden hätte. In Stufe 2 werden Was-wäre-wenn-Szenarien, unter zuvor definierten Regeln („basic rules of fiction"), entworfen – mehrere Regeln stehen zur Wahl, eine wird gewählt. Weiters wird festgelegt, welches Ziel mit dem Szenario verfolgt wird (Bsp. Provokation von Machthabern, Vorschlag von neuen Strategien etc.). Anschließend wird über die zu entwerfende Welt diskutiert (Wer lebt in dieser Welt? Welche Objekte gibt es? Wie ist die Gesellschaft?). Stufe 3 ist ein experimenteller Prozess der Welterzeugung. Zeichnen, bauen, konstruieren, interagieren und visualisieren sind die Aufgaben, welche hier bearbeitet werden, um Situationen aus dieser fiktiven Welt darzustellen. Stufe 4 fasst die Ideen und Entwürfe aus Stufe 3 zusammen und es wird ein konkreter Prototyp daraus entwickelt, dieser soll den zuvor gewählten „basic rules of fiction" entsprechen (Markussen & Knutz, 2013, S. 231–240).

Im Paper von *Lindley und Coulton (2015)* setzen sich die Autoren mit Design Fiction in Hinsicht auf HCI (human computer interaction) auseinander. Sie beschreiben das Konzept als stark, aber zweideutig. Im Zentrum steht die Kreation einer „Storywelt", in der ein Prototyp verankert ist. Durch diese fiktive Welt wird in unserer Realität Raum zur Diskussion und Interpretation bereitgestellt. Im Design Fiction kann mit Technologien und Situationen experimentiert werden, die noch nicht existieren. Die Besonderheit für die Autoren ist, dass die Storywelt, Konzept und Kontext zugleich vermitteln kann. Um Elemente der Methode zu identifizieren, stellen sie Fragen an die Storywelt: Welche Medien werden verwendet, um die Story darzustellen? Welche Prototypen sind in der Geschichte verankert? Welchen Einfluss haben die Prototypen auf die Menschen und die Umwelt innerhalb der Storywelt? Jedoch wird auch betont, dass sich Design Fiction nicht an eine bestimmte, vorherrschende oder verifizierte Theorie halten muss (Lindley & Coulton, 2015, S. 210–211).

Ebenfalls im Jahr *2015* setzt sich *Lindley* mit der Mehrdeutigkeit von Design Fiction auseinander, er versucht, einen pragmatischen Rahmen zu schaffen, ohne dabei die Methode in eine universelle Theorie zu pressen: „This approach is intended to occupy a happy medium between an over- specification on the one hand […] and an unchecked divergence (that may cause design fiction to appear too open-ended to be a practical tool in design and research processes)" (Lindley, 2015, S. 3). Der Autor betont, dass Design Fiction eine junge Praxis ist und daher noch in einer prägenden Phase steht. Sein Vorschlag eines sachlichen Rahmens, um Design Fiction zu beschreiben, rückt zum einen die Forschung und zum anderen die praktische Methode, welche diegetische Artefakte hervorbringt, ins Zentrum. Lindley verweist auf die stätige Entwicklung der jungen Methode und somit darauf, dass sich die Rahmenbedingungen verändern können (Lindley, 2015, S. 1–8).

In den unterschiedlichen Arbeiten seit der Entstehung der Begrifflichkeit finden sich immer wieder Verweise auf Sterling und Bleecker. Es werden Versuche gewagt, die Methode genauer zu definieren, die vielen Ansätze lassen eine unabgeschlossene Entwicklung vermuten. Um der Methode genügend Freiraum zu bieten, sollte sie nicht in eine feste Theorie übersetzt werden (Lindley, 2015, Lindley & Coulton, 2015), dennoch gibt es ein gewisses Bestreben, Strukturen für den schwer zu definierenden Begriff zu finden. Das Anwendungsgebiet lässt sich auf die Designforschung, aber auch die Erforschung alternativer Welten bzw. Zukünfte zurückverfolgen. Die praktischen Ansätze verwenden Prototypen oder Artefakte als Sprachrohre fiktiver Welten.

3.2 Projektbeispiele für Design Fiction

Zum besseren Verständnis werden im Folgenden, drei Projektbeispiele genannt, die im Sinne der Methode *Design Fiction* entstanden sind.

3.2.1 Beispiel 1: An Ikea Catalog from the Near Future

In diesem Beispiel wird ein Katalog vom schwedischen Einrichtungshaus Ikea in einer möglichen Zukunft betrachtet. Welche Produkte könnte es schon bald geben, auch wenn sie derzeit noch nicht umsetzbar sind? Das *Near Future Laboratory* in San Francisco und das *Mobile Life Center* in Stockholm entwerfen in diesem Projekt zahlreiche Objekte, die spekulativ erforschen, wie sich das Einrichtungshaus entwickeln könnte.

In der nachfolgenden Abbildung 3 ist ein Himmelbett zu sehen. Der Baldachin minimiert nicht notwendige Netzwerke in einem Radius von 3 Metern und nützt elektromagnetische Felder für einen schnelleren und längeren Tiefschlaf. Die lichtemittierenden Vorhänge, sorgen für eine gesunde Umgebungsenergie während leitende Polyester-Kupfer-Hybridfäden, den Einfall von Milliarden-Watt-Energie verhindern. Farben und Abschirmgrad können selbst gewählt werden (Bleecker & Brown, 2015).

Abbildung 3. Beispiel 1: An Ikea Catalog from the Near Future (Bleecker & Brown, 2015).

3.2.2 Beispiel 2: COVID ZINE: Pandemic Special

Im nächsten Projekt setzt sich das Near Future Laboratory mit der Corona-Pandemie 2020 auseinander. Es wird beschrieben, dass sich in dieser speziellen Lage unsere gewohnte Welt radikal verändert. Im *COVID ZINE: Pandemic Special* verschwimmt die Grenze zwischen Phantasie und Realität. Auf den Seiten dieses fiktiven Magazins werden reale Beobachtungen neben provokante Ideen aus dem *Design Fiction* gestellt – Wahrheit neben Erfindung (Bleecker, 2020). Aus der Sicht des Betrachters, wird jedoch nicht sofort klar ob die Darstellung Realität oder Fiktion ist. In der folgenden Abbildung 4 ist ein Hinweisschild zu sehen, welches darüber informiert, dass ein Roboterhund

Kontrollen in Bezug auf *Social Distancing* durchführt, diese Situation scheint wie aus einer fernen Zukunft. Nach einer schnellen Internet-Suche wird aber klar, dass es sich hier um eine reale Tatsache handelt und diese in Singapur so praktiziert wurde (BBC News, 2020).

Abbildung 4. Beispiel 2: COVID ZINE: Pandemic Special (Bleecker, 2020)

3.2.3 Beispiel 3: Black Mirror

Black Mirror ist eine Serie in der sowohl utopische als auch dystopische Situationen gezeigt werden, jede Folge hat ihre eigene Handlung und hängt nicht mit den anderen Episoden zusammen. Thematisiert werden immer wieder neuste Technologien oder Technologien, wie sie in der Zukunft aussehen könnten. Die Serie betrachtet, wie sich diese Entwicklungen im positiven, als auch im negativen Sinn, auf die

Menschen und die Gesellschaft im Allgemeinen, auswirken (Moviepilot, o.J.).

In einem Beitrag der Website *komfortzonen.de* wird *Design Fiction* folgendermaßen in Zusammenhang mit Black Mirror gebracht. Der Autor hält dazu an, dass man sich vorstellen soll, dass nicht die Handlung einer Episode zuerst geschrieben wird, sondern dass zuerst das zentrale, technologische Objekt entworfen wird. Um dieses Objekt herum entsteht dann ein Szenario, welches die Auswirkung des Prototyps auf die Welt beschreibt (Jelden, 2016).

In der folgenden Abbildung 5 ist der Protagonist aus „Das transparente Ich" (Episode 2, Staffel 1, Black Mirror, 2011) zu sehen. In der Welt, in der die Handlung spielt, ist es möglich, sich die eigenen Erinnerungen auf einen implantierten Chip zu speichern und sich immer wieder anzusehen. Sie können auch mit anderen Menschen geteilt werden. Egal ob am inneren Auge, oder auf einer Bildschirmprojektion, die Erinnerungen laufen wie ein Film ab. In der Abbildung betrachtet der Protagonist, eine seiner Erinnerungen am inneren Auge (Fernholz, 2019).

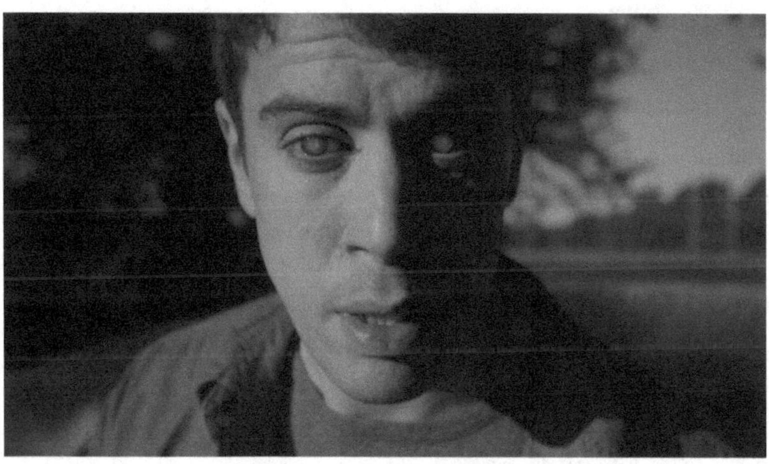

Abbildung 5. Beispiel 3: Black Mirror (Netflix, 2011)

3.3 Speculative Design, Critical Design und Design Fiction

Neben Design Fiction werden in der Fachliteratur auch die Bezeichnungen *Speculative Design* und *Critical Design* verwendet. Hier soll eine Definition für diese gegeben werden, um Gemeinsamkeiten und Unterschiede aufzuzeigen.

Heidingsfelder (2018) vertritt die Ansicht, dass *Speculative Design* die breiteste Kategorie der drei genannten ist und positioniert *Critical Design* und *Design Fiction* nebeneinander. Durch einen Vergleich von Aussagen von *Raby (2011)* und *Bardzell und Bardzell (2013)* ergibt sich für Heidingsfelder, dass Design Fiction eher in Richtung Innovation abzielt und Critical Design eher Kritik an der Gegenwart übt. Eine harte Grenze zwischen den beiden Zugängen ist jedoch nicht zu ziehen, da darin angewandte Techniken ineinander verschwimmen. Beispielsweise der Einsatz von spekulativen Prototypen, die kulturelle, soziale oder ethische Faktoren thematisieren, stellen in beiden Methoden die Grundlage für gesellschaftliche Diskussionen dar. „Durch ihr exploratives und experimentelles Vorgehen folgen sie einerseits den Grundprinzipien des Designs, grenzen sich aber von „klassischen" Produkt- oder Service-Design-Praktiken […] ab" (Heidingsfelder, 2018, S. 98–99). Demzufolge verfolgt Critical Design eher einen gesellschaftskritischen, künstlerischen Ansatz. Design Fiction hingegen entstammt der Science-Fiction und versucht, in eine innovative Richtung zu blicken und anwendungsorientiert, beispielsweise in Workshop-Formaten, zu arbeiten (Heidingsfelder, 2018, S. 96–99).

Auger (2013) sieht im spekulativen Design zwei Bedeutungen, „first, to enable us to think about the future; second, to critique current practice" (Auger, 2013, S. 1), was den Versuch der Definition von Heidingsfelder nochmal untermauert. Um eine Spekulation plausibel erscheinen zu lassen, muss sie sorgfältig aufgebaut werden. Auger verwendet dafür den Begriff *Wahrnehmungsbrücke,* im Orignial *„perceptual bridge"* (Auger, 2013, S. 2), was eine Art Vermittler zwischen dem spekulativen Entwurf und der Wahrnehmung des Betrachters sein soll.

Kritisches Design kann viel mehr als eine Haltung verstanden werden als eine bloße Methode. Engstirnige Annahmen oder Vorurteile über die Rolle, die Produkte im täglichen Leben spielen, werden dabei in

Frage gestellt – oft wird Kritik am Konsumverhalten geäußert (Auger, 2013, S. 22).

3.4 Prototypen und ihre zentrale Rolle im Design Fiction

In einer intensiven Auseinandersetzung mit dem Thema Design Fiction stößt man zwangsläufig auf die zentrale Ausdrucksweise – die Prototypen. Laut Bleecker (2009) sind Prototypen im Design Fiction ein Sprachrohr, durch welches spekulative Geschichten erzählt werden. Nachfolgend wird die Definition nach Bleecker behandelt, anschließend wird der Begriff der Diegese miteinbezogen.

3.4.1 Design-Fiction-Prototyp

> Making the extraordinary ordinary is a recurring genre convention for science fiction. Because of its creative elasticity, sci-fi is able to make strange, implausible ideas mundane and everyday. [....] Whatever we can dream can happen. We can prototype a future with a good story and a hand full of evocative props. (Bleecker, 2010, S. 59)

Für Bleecker (2010) soll ein Prototyp nicht den Beweis der technischen Machbarkeit liefern, sondern helfen, Vorstellungen zu erweitern oder unerwartete Alternativen zu betrachten. Solche Requisiten können dabei unterstützen, den Blickwinkel zu ändern, um Verbesserungspotential in gewissen Dingen zu erkennen. Es ist nicht wichtig, einen Beweis für eine Theorie zu finden, der einzige Zweck ist es, einen Fragenkomplex aufzuwerfen, der provokative und transformative Ideen hervorbringt. Der Design-Fiction-Prototyp unterstützt die Fähigkeit der Vorstellungskraft, über konventionelle Annahmen hinaus, nachzudenken. Er ist die Grundlage für neue Ideen, neue Methoden, neue Kontexte und neue Erfahrungen. Die Grenze zwischen Fakt und Fiktion wird absichtlich verwischt. Design Fiction erlaubt es somit, darüber nachzudenken, was möglich sein kann. In der Evolution des technologischen Fortschrittes stehen immer „nur" Verbesserungen oder Erweiterungen eines bestehenden Produktes (oder einer bestehenden Sache) im Fokus, „[...] the idea that things are always getting bigger, smaller, brighter, cheaper […]" (Bleecker, 2010, S. 61), soll in der Konzeption von Design-Fiction-Prototypen über Bord geworfen werden. Durch diese designten Artefakte lassen sich Geschichten erzählen aber auch Gespräche anregen, was die zugrundeliegende Idee weiter vorantreiben kann. „The object talks to us, inviting us to fill in the larger story about where it comes from, how it operates, who possessed it and why" (Bleecker, 2010, S. 62). Design-Fiction-Prototyping ist ein Weg, Ideen in einen Gegenstand zu übersetzten, welcher diese verständlicher und nachvollziehbarer macht (Bleecker, 2010, S. 61–62). Beispiele für diese Art von Prototypen werden in Kapitel 3.2 aufgezeigt.

3.4.2 Diegetischer Prototyp

Im Zusammenhang mit Design Fiction und dem darin prominenten Thema des Prototypings ist eine Auseinandersetzung mit dem Begriff *Diegese* und des *diegetischen Prototyps* notwendig.

Die Diegese beschreibt alles, was in einer Fiktion passiert oder was sie andeutet, wenn man diese Fiktion als real betrachten würde. „[…] diegesis refers to the 'world of the story'. A diegetic prototype is a prototype which is presented in a story world" (Lindley, 2015, S. 5). Durch visuelle Darstellungen von Prototypen werden imaginäre Welten entworfen, sie stehen allerdings nicht im Fokus der Geschichte, sondern werden als selbstverständliches Objekt eingebunden, um die Narration voranzutreiben. In der fiktionalen Welt wird der Gegenstand als reales, funktionierendes und soziokulturelles Ding anerkannt, er kann somit auch in der wirklichen Welt Teil einer Technologie oder Produktentwicklung werden. Das gesponnene Szenario bietet dem Prototyp Raum, um sich zu entfalten, dieser wird „[…] als Spiel- und Experimenterwiese […]" (Schäfer, 2014, S. 47) gesehen. Durch die Visualisierung der Welt und der tatsächlichen Erstellung eines Prototyps wird die dargestellte Technologie greifbarer und verständlicher. Das Design des Objektes selbst tritt in den Hintergrund, die Funktion und das, was der Prototyp mitteilen will, wird in den Fokus gerückt. Wird der Prototyp vom Betrachter der fiktiven Welt – dem Leser einer Geschichte oder dem Zuseher eines Filmes – akzeptiert, kann er auch ohne bisherigen Gegenwartsbezug als Entwurf in der Wirklichkeit existieren. Um der

Glaubwürdigkeit nicht zu schaden, muss dem Betrachter allerdings genügend Raum für Erklärungen bereitgestellt werden (Schäfer, 2014, S. 47–48).

Als Paradebeispiel für einen diegetischen Prototypen wird die gestenbasierte Technologie (Abbildung 6) im Film *Minority Report* von Stephen Spielberg (2002) genannt. Für den Film wird in einem Workshop bestehend aus Zukunftsforschern und Technologieexperten ein Szenario geschaffen, in welchem eine fiktive Technologie platzfindet, die eben durch Handgesten gesteuert wird. Eingebettet in die Narration des Films wird der diegetische Prototyp einem breiten Publikum erklärt und Jahre später mit der *Nintendo Wii* in eine reale Technologie übersetzt – wenn auch nicht so futuristisch wie in *Minority Report* (Bleecker, 2010, S. 65; Kirby, 2010, S. 50; Schäfer, 2014, S. 49).

Abbildung 6. Beispiel eines diegetischen Prototyps (Minority Report, 2002)

Zusammenfassend, ist ein Design-Fiction-Prototyp eine haptische bzw. visuelle Darstellung einer neuen Idee und soll diese vereinfacht erklären. Der diegetsiche Prototyp soll innerhalb seines Story-Universums als wahr angesehen werden, somit ist jeder Prototyp im *Design Fiction* auch ein diegetsicher Prototyp, da er innerhalb seiner erdachten Welt (der Narration) als real hingenommen wird.

3.5 Spekulation in eine wünschenswerte Zukunft

Im Folgenden wird auf die oft zitierten Ansichten von Dunne & Raby eingegangen. In ihrem Werk *Speculative Everything - Design, Fiction, and Social Dreaming* (2013) versuchen sie darzulegen, dass das Spekulieren durch Design neue Möglichkeiten öffnet, um fiktive Szenarien als Kritik an der Gegenwart zu nützen und wünschenswertere Versionen der Zukunft zu kreieren.

3.5.1 Wie etwas ist versus wie etwas sein könnte

Die Basis des zuvor genannten Werkes ist eine Liste aus Begriffen, die einander gegenübergestellt werden, genannt *A/B (Abbildung 3, Dunne & Raby, 2013, S. vii)*. In Spalte A wollen die Autoren Design so beschreiben, wie es im Regelfall verstanden wird. Spalte B hingegen öffnet eine neue Dimension für Diskussion und Spekulation - die Bedeutung dieser Spalte wird von den Autoren erforscht. Spalte A soll jedoch nicht durch B ersetzt werden, B dient lediglich als Vergleich und Erweiterung (Dunne & Raby, 2013, S. vi). Durch den augenscheinlichen Vergleich der beiden Listen verdeutlicht sich deren Konzept, aber auch das Verständnis von Design Fiction - „how the world could be" ist beispielsweise eine wesentliche Aussage der Designpraxis.

In der Tabelle wird durch den Vergleich diverser Begriffe und Phrasen die Thematik simplifiziert und plastischer ausgestaltet. Anschließend wird für drei Begriffspaare eine mögliche Interpretation gegeben.

A	B
Affirmative	*Critical*
Problem solving	*Problem finding*
Provides answers	*Asks questions*
Design for production	*Design for debate*
Design as solution	*Design as medium*
In the service of industry	*In the service of society*
Fictional functions	*Functional fictions*
For how the world is	*For how the world could be*
Change the world to suit us	*Change us to suit the world*
Science fiction	*Social fiction*
Futures	*Parallel worlds*
The "real" real	*The "unreal" real*
Narratives of production	*Narratives of consumption*
Applications	*Implications*
Fun	*Humor*
Innovation	*Provocation*
Concept design	*Conceptual design*
Consumer	*Citizen*
Makes us buy	*Makes us think*
Ergonomics	*Rhetoric*
User-friendliness	*Ethics*
Process	*Authorship*

Abbildung 7. A/B (Dunne & Raby, 2013, S. vii)

Problem solving spielt in jeder Designentwicklung eine wichtige Rolle, da Produkte nicht nur optisch ansprechend, sondern auch praktisch in der Handhabung sein müssen. Durch die Gegenphrase *Problem findig* wird suggeriert, dass nicht nach einer herkömmlichen, lösungsorientierten Methode gearbeitet werden soll. Es wird keine Aufgabe gestellt, die anschließend bearbeitet wird. Es wird durch kritisches Betrachten ein Problem gefunden, welches durch die Kreation einer anderen Welt von allen Seiten beleuchtet bzw. hinterfragt wird.

The "real" real verweist auf unsere Welt und alles, was darin umsetzbar ist und den Naturgesetzen entspricht. *The "unreal" real* bezieht sich auf die Spekulation. Was könnte unter gewissen, veränderten Umständen möglich sein und wie könnten diese neuen Gedanken das *"real"* *real* voranbringen?

Make us buy beschreibt ebenso etwas Alltägliches: Ein Produkt oder eine Dienstleistung wird aufpoliert und der Zielgruppe schmackhaft gemacht, so dass die Interaktion in einem Kaufakt endet. *Make us think* zielt hingegen auf eine abstraktere Ebene ab, die einen großen Interpretationsspielraum zulässt.

Aus jahrelanger Erfahrung des experimentellen Arbeitens soll durch *Speculative Everything* konzeptuelles Design als kritisches Medium zur Erforschung der Auswirkungen neuer Entwicklungen in Wissenschaft und Technologie betrachtet werden. Dabei spielt die Entwicklung von ästhetischen, spekulativen Prototypen eine bedeutende Rolle. „We hope designers interested in doing more than making technology easy to use, sexy, and consumable will find this book enjoyable, stimulating and inspiring" (Dunne & Raby, 2013, S. vi).

3.5.2 Wahrscheinlichkeiten der Zukunft

Die Befassung mit der Zukunft läuft weitestgehend auf den Versuch einer Vorhersage oder Prognose hinaus, manchmal spielen auch die Identifikation neuer Trends eine Rolle. Was Dunne & Raby in ihrer Arbeit beschreiben, ist ein Nutzbarmachen möglicher Zukünfte für die Gegenwart, um diese besser zu verstehen. Diskussionen über Zukünfte, die Menschen sich wünschen, aber auch die, die sie sich nicht wünschen, stehen für die Autoren im Fokus. Der formale Charakter entspricht dabei dem eines Szenarios, die mit „Was-wäre-wenn-Fragen" beginnen. Für ein gutes Verständnis werden die fiktiven Szenarien einfach, aber provokativ entwickelt, um den Betrachtern genügend Interpretationsraum zu bieten und ihre Phantasie anzuregen. Der „Unglaube" soll abgeschwächt werden, sodass die Betrachter für einen Moment vergessen können, wie die Dinge im Jetzt sind (Dunne & Raby, 2013, S. 2–3).

Das Modell der Zukunftsebenen von Dunne & Raby liegt einer Grafik des Zukunftsforschers Stuart Candy zugrunde. Für ihn ist es nicht möglich, die Wahrscheinlichkeiten der Zukunft ein einem linearen

Diagramm zu verbildlichen. Durch die Vielfältigkeit der Wahrscheinlichkeit legt er drei Ebenen der Zukunft fest, um sie besser managen zu können – die „possible" (mögliche), „probable" (wahrscheinliche) und „preferable" (wünschenswerte) Zukunft (*Abbildung 8*). Die Zukunft ist ein dynamischer Bereich, der sich ständig verändert und im Vergleich zu der Gegenwart vervielfacht. Das ist dadurch bedingt, dass es immer mehr Möglichkeiten als Tatsachen gibt – darauf bezieht sich auch die, sich öffnende, Trichterform. Die Zukunft bedarf einer ständigen Aktualisierung, da andernfalls Möglichkeiten, die früher vielleicht realisierbar schienen, jetzt nicht mehr vorhanden sind (Candy, 2010, S. 43–45).

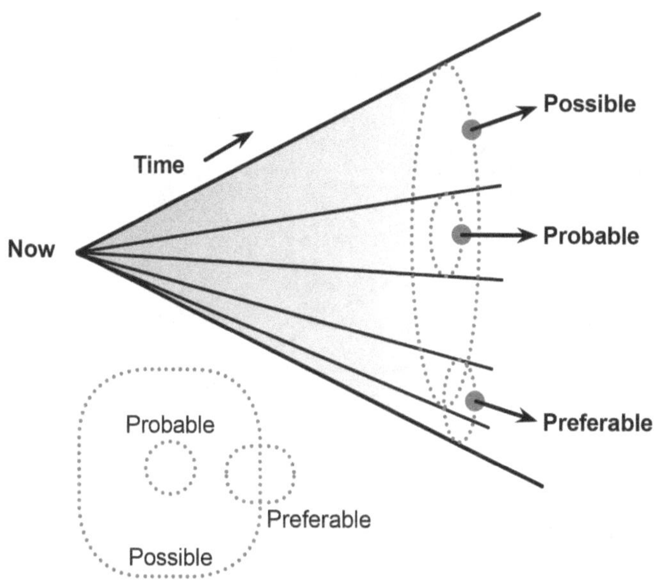

Abbildung 8. Possible, probable, and preferable futures as subsets of possibility space (Candy, 2010, S. 43)

Dunne & Raby entwickeln aus der Grafik von Candy ihre eigene, für sie schlüssige Idee eines Zukunftskonzepts (*Abbildung 9*). Ihre Grafik stellt ebenso mehrere Ebenen der Zukunft, in Form von Kegeln, dar.

Am Ausgangspunkt steht die Gegenwart, von ihr ausgehend erstrecken sich unterschiedliche Versionen der Zukunft. Die Grafik kann als Taschenlampe interpretiert werden, deren Lichtstrahlen unterschiedliche Ebenen und Teilaspekte in der Zukunft beleuchten. Die Autoren erweitern ihr Model um die „plausible future" (naheliegende oder glaubwürdige Zukunft).

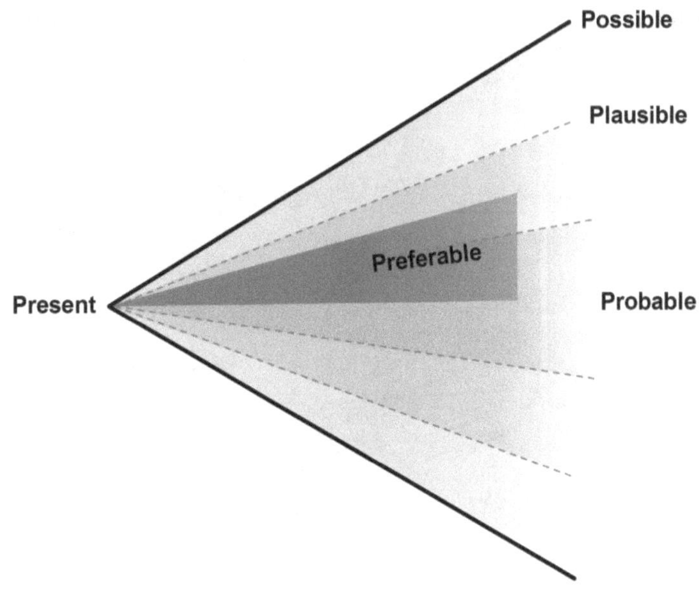

Abbildung 8. PPPP (Dunne & Raby, 2013, S. 5)

Die erste Ebene („probable future") beschreibt eine Zukunft, die wahrscheinlich eintreten wird, ohne auf unvorhergesehene, extreme Ereignisse wie Krisen oder Kriege Rücksicht zu nehmen. Es ist die Ebene, in der Design wie es üblicherweise verstanden wird, stattfindet. Der Lichtstrahl der zuvor erwähnten Taschenlampe ist sehr fokussiert und beleuchtet klar eine bestimmte Sache.

In der nächsten der beschriebenen Zukünfte („plausible future") werden Szenarien konzipiert, welche passieren könnten. Hier geht es nicht um exakte Vorhersagen, sondern um die Erforschung verschiedener Alternativen für beispielsweise Wirtschaft oder Politik, die in einer möglichen Zukunft zum Einsatz kommen könnten. Die Szenarien erscheinen glaubwürdig. Der Lichtstrahl verliert an Schärfe und Klarheit, er beleuchtet die Dinge noch von einer logischen Seite, jedoch wird der Interpretationsraum größer.

Die breiteste Ebene („possible future") umfasst eine Zukunft, in der ein Bogen von der jetzigen Welt zu einer angedeuteten gespannt wird. Die erschaffenen Szenarien sollen den Weg vom Hier und Jetzt glaubwürdig und nachvollziehbar beschreiben, sodass der Betrachter seine eigene Welt in Beziehung mit der fiktiven setzen kann. Über diese Ebene hinaus liegt der Bereich von Phantasie wie Märchen, Superhelden, Fabelwesen und so weiter, welche aber für die Design-Fiction-Thematik nur wenig Bedeutung haben. Die mögliche Zukunft kann im Sinne von „alles ist möglich" verstanden werden. Der Strahl taucht nun alles in ein weiches Licht, die Geschichten dieser Zukunft sollen auf eine glaubwürdige Weise erzählt werden, müssen sich aber nicht mehr an die Rahmenbedingungen unserer Gegenwart halten.

Die spannendste Ebene überschneidet sich in der wahrscheinlichsten Zukunft und der, die möglicherweise passieren könnte („probable future" und „plausible future"). Der Begriff der „preferable future" ist ein sehr vager, da das konzipierte Szenario nicht immer von jedem bevorzugt oder gewünscht wird. In der wünschenswerten Zukunft wird der Fokus nicht auf Vorhersagen gelegt, es sollen lediglich durch Design verschiedene Möglichkeiten aufgezeigt werden und zusammen mit Experten wie Ethikern, Politikwissenschaftlern oder Ökonomen diskutiert und weiterentwickelt werden, um neue Ansätze für die Gegenwart zu finden. Der Lichtkegel mischt sich mit den anderen Strahlen, beleuchtet aber nur einen sehr kleinen Detailaspekt, welcher dann zur Diskussion steht.

Auch wenn sich durch diese Designpraxis die Zukunft nicht vorhersagen lässt, können jedoch Faktoren entdeckt werden, die zu einer wünschenswerteren Zukunft beitragen oder zumindest unerwünschte Entwicklungen frühzeitig erkennen lassen (Dunne & Raby, 2013, S. 3–6).

3.6 Zwischenfazit II

Dieses Kapitel soll einen Einblick in die komplexe und nicht immer eindeutige Thematik von Design Fiction geben. Bei der Methode greifen viele Teilaspekte ineinander und sie wurde in der Vergangenheit durchaus öfter interpretiert bzw. versucht zu strukturieren. Anschließend soll der Versuch gestartet werden, Design Fiction hinsichtlich des Ziels der vorliegenden Arbeit erneut zu interpretieren und somit die ersten beiden Teilforschungsfragen zu beantworten. Die Antwort, wie die Kernaussage der Methode lautet und wie ihre Ergebnisse aussehen, stellt die fachliche Basis für die folgende Kreation eines Workshops dar. Mit diesem Workshop wird versucht vor allem kleineren Unternehmen die Chance zu bieten, durch einen „neuen" (Lindley, 2015, bezeichnet Design Fiction als junge Praxis, die noch in der prägenden Phase ist) und kreativen Zugang ihre Produkte, Dienstleistungen oder Strategien voranzubringen.

3.6.1 Was ist die Kernaussage der Designmethode Design Fiction?

Die Designmethode Design Fiction tritt in den Ausführungen unterschiedlicher Autoren immer wieder mit den Begriffen, *Prototyping, Storytelling und Zukunftsspekulation* in Kontakt, deshalb können diese Begriffe als die drei Grundpfeiler angesehen werden. Ursprünglich zieht Sterling (2005) Techniken aus dem Industriedesign heran, um seine Science-Fiction-Literatur glaubwürdiger zu gestalten. Um die Glaubwürdigkeit sowie die Nachvollziehbarkeit einer Idee für den Rezipienten zu garantieren, kommen fiktive Prototypen zum Einsatz (Bleecker, 2009). Somit übersetzt Bleecker Sterlings Begriff wieder zurück in eine Designpraxis und schafft es durch diese spekulativen Gegenstände und deren Geschichten, dazu anzuregen, über wünschenswertere Zukünfte nachzudenken.

Um Design Fiction für einen Unternehmen relevant zu machen, bedarf es einer eindeutigen Definition, um die Kernaussage der Methode in verständlicher und klarer Weise vermitteln zu können. Eine Definition der Designpraxis könnte folgendermaßen aussehen:

Design Fiction ist eine Kreativmethode, die Ideen einer wünschenswerten Zukunft materialisiert. Die dabei entstehenden Prototypen sind losgelöst von technischer Limitation der Gegenwart. Ein narratives Szenario umhüllt die kreierten Objekte und beschreibt die fiktive Welt, aus der sie stammen. Die Prototypen erleichtern das Nachdenken über eine ungewisse Zukunft und helfen dabei, neue, innovative Ideen hervorzubringen.

3.6.2 Was ist das Ziel der Designmethode Design Fiction und welche Art von Ergebnissen will sie hervorbringen?

Wie aus der Literaturrecherche des letzten Kapitels hervorgeht, verwendet Design Fiction provokative Prototypen, um spekulative, innovative und neuartige Ideen hervorzubringen. Dabei sollen bestehende Produkte, Dienstleistungen oder Strategien nicht bloß weiterentwickelt, nicht einfach „[...] bigger, smaller, brighter, cheaper [...]“ (Bleecker, 2010, S. 61) gemacht, sondern von Grund auf neu gedacht werden. Der Kontext des Prototyps spielt eine wichtige Rolle in der Entwicklung, es werden soziokulturelle Aspekte in den Geschichten rund um das Objekt mitgedacht. Etwaige positive und negative Entwicklungen helfen dabei, das Objekt besser zu verstehen und dadurch einen kritischen Blick auf die Gegenwart zu bekommen. Die Prototyen unterliegen keiner technischen Limitation, in den szenariohaften Gedankenexperimenten ist alles erlaubt, solange die Ideen plausibel und nachvollziehbar erscheinen – Elemente wie Zauberei aus dem Fantasy-Genre sollen keine zentrale Rolle spielen. Ziel sollte es sein, eine Brücke zwischen dem fiktiven Szenario und der Wirklichkeit zu schlagen (Heidingsfelder, 2018), um die Ideen der neuen Design-Fiction-Prototypen für die reale Welt zu nutzen.

Vereinfacht, konnten die Art der Ergebnisse sowie die Ziele von Design Fiction folgendermaßen formuliert werden:

Das Hauptziel, von Design Fiction, ist die Erschaffung eines Prototyps, der durch seine Geschichte neue Ideenräume eröffnet. Die Welt und die Beschaffenheit um das Objekt verdeutlichen, wie eine wünschenswerte Zukunft („preferable future“) aussehen kann. Die Narrationen unterstützen dabei, unterschiedliche Wege zu erkunden. Auf diese Weise können ebenso Risiken betrachtet, als auch Innovationen vorangetrieben werden. Die fiktiven Szenarien eines zukünftigen Produktes, einer Dienstleistung oder einer Strategie helfen dabei, den Blickwinkel auf das Bestehende zu verändern und dadurch auf kreative Weise unbedachte Aspekte zu beleuchten. In diesen Gedankenexperimenten wird der Phantasie freien Lauf gelassen, um neue Ideen zu finden, die nicht an unsere bekannte Realität gebunden sind. Aus so einem wünschenswerten Zukunftsszenario werden erste Ansätze für die Gegenwart abgeleitet.

Die Hauptforschungsfrage bezieht sich neben Produkten und Dienstleistungen auch auf die Nutzung von Design Fiction für Mediencontent. Dazu kann natürlich ein Medienformat, wie z.B. eine Fernsehshow, genauso wie ein Produkt in ihrer zukünftigen Version betrachtet und so weiterentwickelt werden. Der interessantere Aspekt jedoch ist, dass bei Design Fiction immer Narrationen im Mittelpunkt stehen und somit automatisch Geschichten entstehen, die in unterschiedlichen Medien genutzt werden können. Die fiktiven Szenarien können Inspiration für futuristische Werbe- bzw. Social-Media-Kampagnen sein oder das Interesse an einem innovativen Arbeitsstil eines Unternehmens widerspiegeln.

3.6.3 Verschiedene Ebenen der Zukunft

Die *„PPPP"-Grafik* (Abbildung 5) von Dunne & Raby ist eine hilfreiche Stütze, um die oft genannte *wünschenswerte Zukunft* zu erkennen – natürlich ist sie variabel, da, individuell gesehen, jede Person andere Wünsche an die Zukunft äußern würde. Durch eine Auseinandersetzung mit den anderen Ebenen allerdings wird klarer, was die beiden Autoren mit dieser Grafik bezwecken wollen.

Die Anwendung von Design Fiction für kleinere Unternehmen, die ihre Produkte, Dienstleistungen oder Strategien (weiter-)entwickeln wollen, bzw. die Anwendung von Design Fiction, wie die vorliegende Arbeit sie beschreibt, kann das Konzept der Zukunftsebenen folgendermaßen nutzen:

Durch die Konzeption von *„Alles-ist-möglich"-Szenarien* („possible future") kann jeder Idee genügend Raum gegeben werden, da sie nicht von Negativität (z.B. Aussagen wie: „Das funktioniert so nicht!“) abgeschmettert wird. Es müssen lediglich aus jeder Idee die Konsequenzen gezogen werden – was bedeutet, dass die positiven oder negativen Entwicklungen daraus bedacht werden sollen. Wichtig dabei ist, sich hier noch nicht an der uns bekannten Realität festzuklammern.

Durch plausible, glaubhafte Szenarien findet eine Annäherung an die gewünschte Zukunft („preferable future“) statt. Hier wird durchaus logisch gedacht und schon bekannte innovative Technologien aufgegriffen, um sie noch einen Schritt weiterzudenken – auch hier werden die technischen Möglichkeiten noch nicht limitiert.

Die wünschenswerte Zukunft soll eine Mischform aus den anderen Ebenen darstellen. Sie überschneidet sich aus dem plausiblen Szenario („plausible future“) und dem Forecast des Unternehmens („probable future“). Ideen aus dem „Alles-ist-möglich“-Szenario können immer noch einfließen, sofern sie logisch ins Szenario eingebettet werden können. Im Zentrum steht jedoch immer ein Prototyp, anhand dessen, das jeweilige Szenario kreiert wird. Das wünschenswerte Szenario kann, aufgrund seiner Nähe zur Realität, aber auch zu den unendlichen Möglichkeiten der Fiktion, als Impulsgeber für die Gegenwart dienen. Indem man neue Ansätze aus den spekulativen Ideen ableitet und diese in bestehende Strategien integrieren kann, rückt das wünschenswerte Szenario ein Stück näher.

4 Storytelling als Rahmenwerkzeug für Design Fiction

Dieses Kapitel behandelt das Thema Storytelling und wie formale Techniken des Geschichtenerzählens bei einer Workshop-Konzeption unterstützen können. Design Fiction selbst kann im weiteren Sinne ebenso als Storytelling-Technik gesehen werden, da erst die spekulativen Geschichten rund um die Prototypen diese zum Leben erwecken. Hier soll zunächst ein Überblick gegeben werden, wie Geschichten auf den Menschen wirken und welche dramaturgischen Modelle Spannung erzeugen. Für diese Arbeit ist es notwendig, Dramaturgie in zwei unterschiedlichen Ebenen zu denken. Zum einen benötigen Szenarien, die im Design Fiction entwickelt werden, einen guten Spannungsbogen. Zum anderen soll sich der zu konzipierende Workshop ebenso dramaturgischer Strukturen bedienen, um ein stimmiges Gesamtbild zu liefern.

Als letzter Teilaspekt dieses Kapitels soll die Thematik der Moderation, also der durch eine Person unterstützte Ablauf des Workshops, auf seine Notwendigkeit geprüft werden.

Im Zwischenfazit dieses Kapitels soll folgende Teilforschungsfrage beantwortet werden:

- Mit welchen Methoden kann ein ansprechender („unterhaltsamer") Workshop kreiert werden, der die Bedürfnisse der Zielgruppe trifft?

4.1 Wirkungsweisen von Geschichten

Um Geschichten als Werkzeug verwenden zu können, ist es wichtig zu verstehen, wie sie auf uns Menschen wirken und was sie in uns auslösen, aber auch, wie Bilder, Geschichten bereichern können.

4.1.1 Geschichtenverarbeitung im Gehirn

Das menschliche Gehirn ist unter vielen anderen Funktionen das Zentrum von Vorstellungskraft und Emotionen. Intuition oder auch Bauchgefühl genannt sind emotionale Handlungsmuster, auf die das Gehirn zurückgreift, wenn es schnelle Entscheidungen treffen muss. Sie basieren beispielsweise auf gesammelten Erfahrungen, Hormonen, der eigenen Herkunft, verbinden sich aber auch mit spontanen Gefühlen (Kleine Wieskamp, 2016, S. 25–27):

> Fest steht, dass Gefühlsreaktionen - wie beispielsweise Hass, Angst, Neid, Wut oder Mitgefühl - durch Selektion, Abstraktion, Generalisierung oder Bedeutungsverleihung einen Prozess durchleben und Veränderungen in ihrer Intensität und dem Wirkungsgrad erfahren. So entwickeln sich individuell unterschiedliche Verhaltensmuster im Hinblick auf bestimmte Emotionen. (Kleine Wieskamp, 2016, S. 26–27)

Im Neuromarketing wird auf zwei essenzielle Funktionen von Geschichten gesetzt. Erstens ein *nachhaltiger Lerneffekt*, zweitens das Auslösen von *Emotionen*. Hirnforscher haben schon ein großes Wissen erlangt, wie genau das Gehirn funktioniert und welcher Teil welchen äußeren Einfluss verarbeitet. Auch, dass es unterschiedliche Arten von Wissen gibt, wurde bereits erkannt, beispielsweise das explizite Wissen, welches man sich aneignen muss. Im Vergleich dazu steht das implizite Wissen, was auch als intuitives Wissen beschrieben wird. Die dritte Art von Wissen wird als bildliches Wissen bezeichnet und wird vom episodischen Gedächtnis verwaltet - dabei ruft unser Gehirn Bilder aus einer Datenbank ab, die mit starken Emotionen aus früheren Erfahrungen verknüpft sind. Erreicht man diesen Teil des Gedächtnisses, können laut dem Hirnforscher Ernst Pöppel Verhaltensänderungen im Menschen angeregt werden (Kleine Wieskamp, 2016, S. 27–30):

> Dank der Hirnforschung weiß man, dass eine Hauptaufgabe des Gehirns, darin besteht, die verschiedenen Empfindungen und Wahrnehmungen, die gleichzeitig auf das Gehirn einströmen, zu einer schlüssigen Geschichte zu vereinen.
> Für Unternehmen, eine Marke (Brand) ist es wichtig, Vorstellungsbilder zu erzeugen, die das „Kopfkino" der Kunden motiviert, die gewünschte Geschichte zu erstellen. (Kleine Wieskamp, 2016, S. 31)

Das Gehirn ist so gebaut, dass es ständig Neues lernt, aber auch Irrelevantes vergisst. Wenn neues Wissen in Muster oder Strukturen eingearbeitet werden kann, die das Gehirn bereits kennt, ist es besser verwendbar. „Daher ist unser Gehirn stets bestrebt, neue Informationen in bestehende Muster zu integrieren, um Synergien zu schaffen" (Kleine Wieskamp, 2016, S. 31).

4.1.2 Visuelles Storytelling

Bekanntlich verfügt der Mensch über fünf Sinne, die meisten Informationen werden jedoch über das Sehen aufgenommen. „Studien zeigen, dass der Mensch rund 80 Prozent aller Informationen, die täglich auf ihn einprasseln, mit den Augen wahrnimmt" (Kleine Wieskamp, 2016, S. 110). Visuelle Inhalte können vom Gehirn 60.000 Mal schneller verarbeitet werden als reiner Text. Da Bilder zusätzlich auch die Fähigkeit besitzen, im Menschen große Emotionen auszulösen und man bereits weiß, dass Emotionen eng mit der Speicherung von Wissen (siehe 4.1.1) verknüpft sind, birgt Wissensvermittlung durch emotionale Bilder – das visuelle Storytelling – großes Potenzial (Kleine Wieskamp, 2016, S. 112–113).

Hinzu kommt, dass auch die Generation Y (auch Digital Natives) als Mediennutzerinnen und Mediennutzer aufgewachsen ist.

> Die Generation von Jugendlichen, die jetzt als Konsumenten und Meinungsmacher auf den Markt drängt, ist mit Bildmedien groß geworden. Sie leben entlang von Szenen und visuellen Stimmungen. Ihre Tagebücher heißen Vine oder Instagram und diese Tagebücher brauchen keine Worte für große Erinnerungen, Ereignisse und Gefühle. (Mathern & Münster, 2015, zitiert nach Kleine Wieskamp, 2016, S. 115)

Um durch Bilder Emotionen auszulösen, bedarf es *starker Bilder*, wie es Kleine Wieskamp bezeichnet. Das positive daran ist, dass sie auf diese Weise stärker im Gedächtnis verankert werden. Doch welche Bilder berühren emotional? Bilder mit Menschen, sind besonders geeignet – der Mensch sieht sich gerne selbst in zwischenmenschlichen Situationen und Interaktionen. Bilder die Geschichten erzählen, sind ein weiteres Mittel, um Gefühle zu verursachen – der Mensch liebt es, Konfliktsituationen und deren Helden zu betrachten. Ebenso können realitätsnahe Bilder emotional auf Menschen wirken – das Gehirn versucht solche Bilder mit gesammelten Erfahrungen und vorhandenem Wissen abzugleichen (Kleine Wieskamp, 2016, S. 123).

Der Mensch glaubt, was er sieht, so die Erkenntnis des Psychologen Frank Keil von der Yale University. Das kann jedoch oft ein Problem darstellen, beispielsweise wenn Bilder manipuliert sind oder wenn bei Bild-Text-Kombinationen das Bild mehr Beachtung bekommt. Für Marketing und Werbung ist das Vertrauen und das Interesse am Bild natürlich ein Vorteil (Kleine Wieskamp, 2016, S. 123).

4.2 Dramaturgische Konzepte für die Workshop-Gestaltung

> „Im Grunde bestehen alle Geschichten aus einer Handvoll wiederkehrender Elemente, die uns in Mythen, Märchen, Träumen und Filmen immer wieder begegnen. Sie spiegeln den Kreislauf der menschlichen Existenz wider und bilden ein Schema für gut funktionierende Geschichten“ (Kleine Wieskamp, 2016, S. 77).

Einige dieser Schemata oder Elemente daraus sollen im Sinne dieser Arbeit dabei genützt werden, um die Methode Design Fiction in einen spannungsreichen Workshop zu verpacken. Als grundlegende Techniken der Dramaturgie werden die Methoden der Drei-Akt-Struktur und der Heldenreise herangezogen, um die wichtigsten Elemente einer Geschichte darzulegen. Nach einer Einführung in diese klassischen, dramaturgischen Techniken werden die sogenannten *Brain Scripts* nach Mikunda behandelt, um diesen Ansatz für eine sinnhafte Anwendung in späteren Workshop-Konzept zu prüfen.

4.2.1 Aufbau einer Story-Line in drei Akten

Der Aufbau einer Geschichte orientiert sich im weiteren Sinne an der Idee der drei Akte, welche aus der Antike von Aristoteles stammt. Der Aufbau ist dem Konflikt eines Protagonisten gewidmet – im ersten Akt baut sich der Konflikt auf, im zweiten Akt gibt es einen Wende- oder Höhepunkt und im dritten Akt wird die Geschichte aufgelöst. Diesem Prinzip, dass eine Handlung einen Anfang, einen Mittelteil und einen

Schluss braucht, sollte jede Geschichte folgen (Kleine Wieskamp, 2016, S. 78–79):

> Ein Ganzes ist, was Anfang, Mitte und Ende hat. Ein Anfang ist, was selbst nicht mit Notwendigkeit auf etwas anderes folgt, nach dem jedoch natürlicherweise etwas anderes eintritt oder entsteht. Ein Ende ist umgekehrt, was selbst natürlicherweise auf etwas anderes folgt, und zwar notwendigerweise oder in der Regel, während nach ihm nichts anderes mehr eintritt. Eine Mitte ist, was sowohl selbst auf etwas anderes folgt als auch etwas anderes nach sich zieht. Demzufolge dürfen Handlungen, wenn sie gut zusammengefügt sein sollen, nicht an beliebiger Stelle einsetzen noch an beliebiger Stelle enden, sondern sie müssen sich an die genannten Grundsätze halten. (Aristoteles, Poetik, ca. 300 v. Chr., zitiert nach Kleine Wieskamp, 2016, S. 80)

In Abbildung 10 wird das Schema der drei Akte verbildlicht, die hier verwendete Darstellung bezieht sich auf das Schreiben von Drehbüchern für das Medium Film. Die beiden erste Akte enden in der Darstellung jeweils mit einem Plot Point. Durch den Bezug auf die für 2020 durchschnittliche Länge eines Blockbusters, werden in der Grafik 120 Seiten (= 120 Minuten) veranschlagt. Das Ausmaß der jeweiligen Einheiten wird als Seitenanzahl dargestellt. Jede dieser Blöcke wird als eigenständiger Akt aufgebaut und hat somit ebenso einen Anfang, eine Mitte und ein Ende. Trotzdem muss jeder einzelne Akt als Teil der ganzen Handlung gesehen und aufgebaut werden (Field, 2016, S. 306).

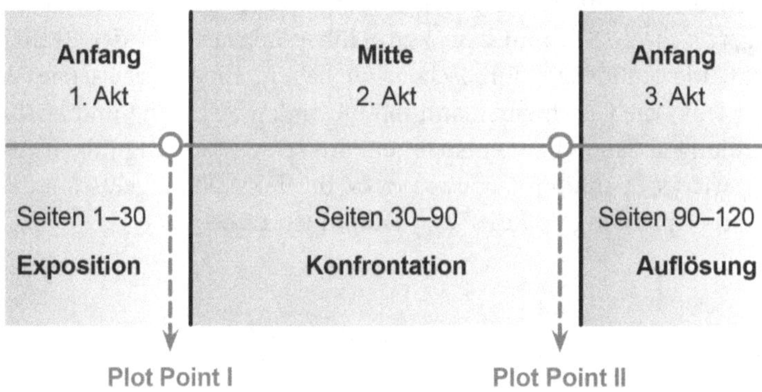

Abbildung 10. Drei-Akt-Struktur (Field, 2016, S. 306)

Der erste Akt bildet den Einstieg in die Geschichte, das Ende des ersten Aktes ist der erste Plot Point: „Ein Ereignis oder eine Episode, die in die Handlung eingreift und ihr eine neue Wendung gibt. Der dramatische Kontext heißt *Exposition* oder Set-up. Hier werden Figuren, die Situationen, die Umstände vorgestellt" (Field, 2016, S. 307). Der zweite Akt wird als *Konfrontation* bezeichnet, hier (zweiter Plot Point) „stößt Ihre Figur bei dem Versuch, ihr dramatisches Bedürfnis zu erfüllen, auf allerlei Widrigkeiten und Hindernisse" (Field, 2016). Der zweite Plot Point leitet in den dritten Akt über. Der dritte Akt löst den zuvor entstandenen Konflikt auf – er wird deshalb als *Auflösung* bezeichnet.

Die drei Akte bilden das Gerüst der Handlung, die beiden Plot Points wollen die Handlung vorantreiben. Um einer Geschichte, an den richtigen Stellen eine bestimmte Wertigkeit zu verleihen, sollte ein Bogen von Anfang bis Ende der Geschichte gespannt werden – der Spannungsbogen. „Der Spannungsbogen hilft die Aufmerksamkeit, das Interesse und die Erwartung des Publikums aufrechtzuerhalten" (Kleine Wieskamp, 2016, S. 80).

Abbildung 11 zeigt ein Beispiel für einen *Spannungsbogen* (Kleine Wieskamp, 2016, S. 81). Nach der Einführung in das Setting, der Vorstellung der Protagonisten und der Darlegung des Konflikts wird durch unterschiedliche Ereignisse Spannung aufgebaut. Einen ersten Höhepunkt stellen Hürden dar, die der Protagonist bewältigen muss, um in der Geschichte voranzukommen. Wenn diese gemeistert sind, steigert sich die Spannung bis zum Höhepunkt, in dem der Rezipient denkt, die Auflösung durchschaut zu haben. Eine unerwartete Wendung lenkt die Geschichte dann in eine andere Richtung und lässt die Handlung abflauen bzw. entspannen, um später zur endgültigen Auflösung wieder Spannung aufzubauen. Ist der Konflikt aufgelöst, löst sich auch die Spannung und die Story läuft in ein Ende.

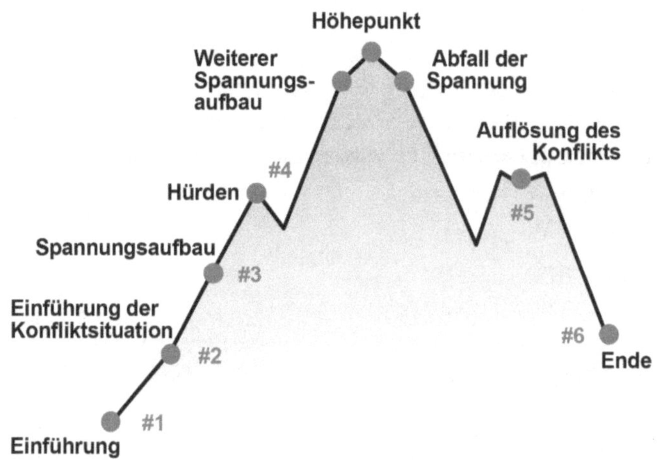

#1 Einführung (Setting) in Zeit, Ort, Protagonisten, Herausforerung (Konflikt)

#2 Reihe von Ereignissen Aufbau der Spannung

#3 Komplikationen u. Hürden, die der Held bewältigen muss

#4 Höhepunkt, kurz bevor der Zuschauer meint, das Ende bzw. den Mörder zu kennen

#5 Zweifel: Ist der Mörder etwa doch unschuldig?

#6 Ende mit der Auflösung des Konflikts

Abbildung 11. Spannungsbogen (Kleine Wieskamp, 2016, S. 81)

„Bei diesem Drei-Akte-Model nach Aristoteles geht man davon aus, dass sowohl die Einleitung als auch der Schluss ca. 25 Prozent der Story einnehmen, während der Hauptteil etwa 50 Prozent der Geschichte ausmacht“ (Kleine Wieskamp, 2016, S. 82).

Die beschriebenen Strukturen stellen dramaturgische Grundschemata dar. In komplexen Geschichten können beispielsweise parallele Spannungsbögen existieren, die sich auf unterschiedliche emotionale Ebenen beziehen. Beispielsweise braucht die Rettung der Welt einen anderen Spannungsbogen als die Lovestory, die in derselben Geschichte existiert, da sie in unterschiedlichen Handlungssträngen verlaufen.

4.2.2 Die Heldenreise

Bevor die Reise einer Heldin oder eines Helden in der Geschichte Sinn ergibt, muss der Begriff der Archetypen erwähnt werden. Diese behandeln Ur-Themen von Menschen, *Archetypen* finden sich seit Jahrhunderten in Geschichten wieder. Sie erzählen von:

- „Leben & Tod
- Ankunft & Abschied
- Liebe & Hass
- Geborgenheit & Furcht
- Wahrheit & Lüge
- Stärke (Macht) & Schwäche
- Treue & Betrug
- Gut & Böse" (Kleine Wieskamp, 2016, S. 83)

Carl Gustav Jung untersucht als Erster psychologische Muster in sakralen Texten, in der Mythologie, in der Kunst oder ähnlichen Gebieten.

> Für Jung sind Archetypen „Bestandteile des Lebens", da sie eine emotionale Verbindung des Individuums zum kollektiven Unterbewusstsein darstellen. Viele Archetypen beruhen laut Jung auf Ur-Erfahrungen der Menschheit wie Geburt, Kindheit, Pubertät, ein Kind bekommen, Elternschaft, das Altwerden und den Tod. (Kleine Wieskamp, 2016, S. 84)

Joseph Campbell greift die Ideen von Aristoteles' Drama und Jungs Archetypen auf und beschreibt eine *Heldenreise,* die als Grundmuster verstanden werden kann, welches emotionale Berührungspunkte zum Rezipienten der Geschichte schafft. Christopher Vogler übersetzt Campbells Theorie für Drehbuchschreiber (Kleine Wieskamp, 2016, S. 83–87).

Die grafisch dargestellte Heldenreise (im Orginal "The Hero's Journey") nach Vogler stellt eine Welt dar, die von den Heldinnen und Helden der Geschichte umsegelt wird. Dabei müssen sie verschiedene Stationen durchleben und Aufgaben meistern. Abbildung 12 zeigt das Model der Heldenreise (Vogler, 2007, S. 9).

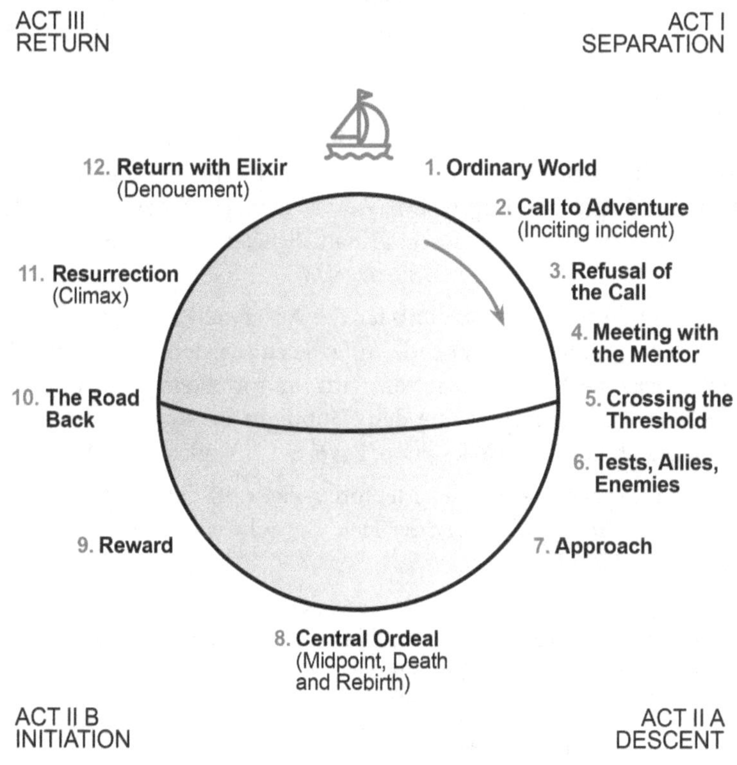

Abbildung 12. The Hero's journey (Vogler, 2007, S. 9)

Vogler lässt die Heldin oder den Helden in seinen Ausführungen zwölf Stationen durchlaufen. Den Beginn bildet die *Ordinary World* (dt. die gewohnte Welt), sie zeigt die Herkunft der Hauptfigur, ihre Alltagssituationen, ihre Abstammung (Vogler, 2007, S. 87). Die gewohnte Welt kann als Vergleichswert angesehen werden. „The Special World of the story is only special if we can see it in contrast to a mundane world of everyday affairs from which the hero issues forth" (Vogler, 2007, S. 87).

Die zweite Station ist der *Call to Adventure (Inciting incident)*, die Heldin oder der Held erleben einen Zwischenfall, der eine anregende oder anstiftende Wirkung hat. Oft wird der Ruf des Abenteuers durch Boten überbracht, der Überbringer (der Archetyp des Herolds) kann oft auch zugleich eine Mentorin oder ein Mentor sein. Das Abenteuer kann oft eine Warnung oder ein letzter Ausweg für die Hauptfigur sein (Vogler, 2007, S. 101–103).

Anschließend (Station drei) folgt *Refusal of the Call* (die Verweigerung der Aufgabe). Es ist kein einfacher Moment für die Heldin oder den Helden, eine große unbekannte Aufgabe bzw. ein meist gefährliches Abenteuer ist zu bewältigen. Das Ausweichen vor einer schier unlösbaren Aufgabe kann hier als eine natürliche, menschliche Reaktion gesehen werden (Vogler, 2007, S. 107–108).

In der vierten Station trifft der oder die Auserwählte auf eine Gestalt, die helfen soll, die bevorstehende Aufgabe zu meistern – *Meeting with the Mentor.* Die Mentoren-Gestalt wird oft von alten, weisen Frauen oder Männern verkörpert, die der Hauptfigur beratend und lehrend zur Seite stehen (Kleine Wieskamp, 2016, S. 87; Vogler, 2007, S. 119).

Nach der Begegnung mit der Mentoren-Figur, in der fünften Station, überschreitet die Heldin oder der Held die Schwelle zum Abenteuer – *Crossing the Threshold.*

> Now the hero stands at the very threshold of the world of adventure, the Special World of Act Two. The call has been heard, doubts and fears have been expressed and allayed, and all due preparations have been made. But the real movement, the most critical action of Act One, still remains. Crossing the first threshold is an act of the will in which the hero commits wholeheartedly to the adventure. (Vogler, 2007, S. 127)

Tests, Allies, Enemies – die sechste Station, ist jene, in der die Hauptfigur getestet wird. Mehrere Tests und Aufgaben dienen als Vorbereitung auf die große, bevorstehende Prüfung. Im Laufe der Testphase treten meist andere Figuren in Kontakt mit der Heldin oder dem Helden – oft entwickeln sie sich zu Freunden oder Verbündeten. Die Hauptfigur formiert ein Team um sich. Doch nicht nur Freunde, auch Gegner und Feinde treten in dieser Station auf (Vogler, 2007, S. 136–138).

Nun nähern sich die Heldinnen und Helden der größten aller Prüfungen. „This is the *Approach to the inmost Cave*, where soon they will encounter supreme wonder and terror" (Vogler, 2007, S. 143). Die siebte Station ist vergleichbar mit Bergsteigerinnen und Bergsteigern, die es ins Base Camp geschafft haben, sie stehen kurz vor dem Angriff auf den höchsten Gipfel (Vogler, 2007).

The Ordeal – die Heldinnen und Helden stehen der größten Schlacht von Angesicht zu Angesicht gegenüber, es ist der eigentliche Kern der Geschichte. Dieser Moment lässt die Hauptfigur zur Heldin oder zum Helden heranwachsen, er ist der Schlüssel zu ihrer oder seiner besonderen Macht. Bei dieser Hürde muss die Hauptfigur in einer gewissen Art mit dem Tod in Kontakt treten – die Heldinnen und Helden müssen sterben, um wiedergeboren werden zu können. Dieser Moment hat eine große Bedeutung für die Geschichte, er ist notwendig, damit die Hauptfigur eine Transformation durchleben kann (Vogler, 2007, S. 155–156).

Nachdem der metaphorische Drache von den Heldinnen und Helden erschlagen wurde, beanspruchen sie ihre Belohnung – Station neun *Reward.* Sie genießen die Freuden des Triumphs (Vogler, 2007).

The Road Back führt die Heldinnen und Helden der Geschichte zurück über die Schwelle, nach der Erfüllung ihrer Bestimmung kehren sie von der besonderen in die gewöhnliche Welt zurück (Vogler, 2007, S. 187).

In der elften Station, der *Resurrection,* begegnet die Hauptfigur ein letztes Mal dem Tod – es ist der Höhepunkt (Climax) der Handlung – hier muss klar werden, dass die Heldin oder der Held durch eine Auferstehung gegangen ist, ohne darüber offensichtlich zu sprechen. Ein neues Selbst der Heldin oder des Helden muss entstanden sein (Vogler, 2007, S. 197–198).

Return with the Elixir – die zwölfte und letzte Station, ist die Auflösung der Heldenreise. „If they are true heroes, they *Return with the Elixir* from the Special World; bringing something to share with others, or something with the power to heal a wounded land" (Vogler, 2007, S. 215).

Das Model der Heldenreise bindet sich gut in die Idee der Drei-Akt-Struktur ein. Der erste und der dritte Akt bleiben in der gewöhnlichen Welt, der zweite Akt findet zwischen den beiden Schwellenübertritten – in der besonderen Welt – statt.

4.2.3 Brain Scripts – Drehbücher im Kopf

> „Die strategische Dramaturgie beruht auf Erkenntnissen der kognitiven Psychologie und soll dazu beitragen, Erlebnisse zu optimieren" (Mikunda, 2011, S. 16).

Das Konzept der Brain Scripts nach Mikunda ist eine Theorie, welche sich mit unterschiedlichsten Handlungsmustern sowie strategischer Dramaturgie im Bereich von Marketing auseinandersetzt. An dieser Stelle wird für ein Verständnis der Methode ein Überblick gegeben, aufgrund der Komplexität kann jedoch nicht zu sehr in die Tiefe gegangen werden.

Mikunda beschreibt in seiner Arbeit, dass Menschen ein aktives und lebendiges Gefühl erfahren, wenn sie selbst Schlüsse ziehen dürfen bzw. in Geschichten involviert werden. Er bezieht sich dafür auf den AIME-Wert des Psychologen Salomon. Der AIME-Wert („Amount of invested Mental Elaborations") kann als *der Betrag des investierten mentalen Aufwands* übersetzt werden (Mikunda, 2011, S. 15). „Je mehr man Gelegenheit hat, sich einen Reim zu machen, desto höher der AIME-Wert, der Grad der Involviertheit" (Mikunda, 2011, S. 15). Demnach ist es für viele Bereiche des Marketings lohnenswert, ihre Kunden mehr zu involvieren, um neben der Message auch ein aktives Erlebnis in den Köpfen der Kunden zu verankern. Basierend auf diesem ursprünglichen Erlebnis baut Mikunda seine Erkenntnisse weiter auf und beschreibt sieben psychologische Mechanismen, um einen Kunden oder Rezipienten zu aktivieren. Als Beispiel bringt er die glamouröse und leuchtende Stadt Las Vegas (Mikunda, 2011, S. 15–17):

> Las Vegas bringt seine Besucher dazu, sich erstens auf Geschichten einen Reim zu machen, zweitens im Raum und drittens in der Zeit zu navigieren, viertens Spannung aufzubauen und wieder zu lösen, fünftens sich ein Image-Bild von etwas zu machen, sechstens die „Regeln des Spiels" zu erkunden und siebtens Rhythmen und Gezeiten zu erspüren. (Mikunda, 2011, S. 17)

Brain Scripts, wie sie Mikunda beschreibt, sind Handlungsmuster, die erlernt werden bzw. wurden. So schafft man es, aus nebeneinander existierenden Informationen bzw. Signalen, zusammenhängende Handlungen zu erdenken, um einen Sinn darin zu sehen. Das Gehirn macht sich „einen Reim", es erstellt ein Drehbuch, daher die Bezeichnung *Drehbücher im Kopf* (siehe auch Kapitel 4.1.1). Diese Brain Scripts kommen in den unterschiedlichsten Bereichen zum Einsatz, Mikunda nennt viele Beispiele wie in Einkaufszentren, Museen, Hotels, Zügen und vielen anderen Bereichen mit dieser Methode Fakten erlebbar gemacht werden (Mikunda, 2011, S. 18–19).

Im Weiteren beschreibt der Autor, dass diese gelernten Handlungsmuster oft der Mythologie entstammen. Auch wenn nur wenige Menschen die direkte Quelle kennen, wie griechische Sagen oder die Originaltexte der Bibel, können sie die Scripts, welche durch diese Geschichten entstehen, zuordnen, da sie seit jeher in der Populärkultur eingesetzt werden. Als Beispiel wird hier der *David-gegen-Goliath-Mythos* genannt und in der Fernsehserie *Columbo* identifiziert. Die biblische Geschichte, in der der „Starke" den „Schwachen" verhöhnt, der „Schwache" aber durch seine Gewitztheit den „Starken" doch besiegt, ist ein Muster, das sich oft in heutigen Geschichten wiedererkennen lässt. Columbo tritt in der genannten Weise als der „Schwache" auf und kämpft gegen die privilegierten Mörder der Oberschicht an (Mikunda, 2011, S. 20).

Ein anderes Beispiel ist der *Mythos vom Goldenen Schuss.* „Ein Schütze, der auf den ersten Blick unterprivilegiert erscheint, kann durch den Schuss seines Lebens etwas Großartiges bewirken, so wie der rechtlose Robin Hood, der so genau ins Schwarze trifft [...]" (Mikunda, 2011, S. 21). Der Autor nennt die PR-Aktion einer Eröffnungsfeier, der olympischen Sommerspiele, als Beispiel für diesen Mythos. Das olympische Feuer wird von Athleten zu Athleten weitergegeben, der letzte jedoch ist ein körperlich beeinträchtigter Athlet der Para Olympics, ihm wird die Ehre zuteil, das Feuer im Stadion zu entzünden, es ist sein alles verändernder *Goldener Schuss* (Mikunda, 2011, S. 21).

> „Wer immer sich mit dem Gedanken trägt, mythische Scripts im Marketing einzusetzen, sollte zuallererst prüfen, ob das Script durch Filme, Fernsehsendungen, populäre Songs, Comics usw. tatsächlich in unsere Köpfe gelangt ist" (Mikunda, 2011, S. 21).

Bei Geschichten aus dem alltäglichen Leben greift man nicht auf mythologische Vorlagen zurück, diese sind den großen Fragen des Lebens vorbehalten. Doch auch kleine Produkte des ständigen Gebrauchs wollen in ihrem Marketing ebenso Geschichten erzählen und durch Scripts ihre potentiellen Kunden involvieren. Hier kommen die sogenannten *Sols* zum Einsatz (= Slice-Of-Life-Scripts). Durch dieses Script werden Alltagssituationen richtig verstanden – als Beispiel wird das *Restaurant-Script* genannt. Dadurch weiß man, dass in beliebten Restaurants meist ein Tisch reserviert werden muss oder dass die Suppe vor der Vorspeise gegessen wird. „Sols sind Lebensbewältigungsmechanismen, die einem helfen, sich auf Situationen einzustellen" (Mikunda, 2011, S. 22). Trotzdem sollte man wissen: „Um das allzu normale Sol-Script dramaturgisch wirksam zu machen, muss im Alltäglichen das Besondere gesucht werden" (Mikunda, 2011, S. 23).

Eine weitere Kategorie sind die *Spiele der Erwachsenen*, die Scripts aus diesem Bereich lassen uns das soziale Zusammenleben mit anderen Menschen verstehen (Mikunda, 2011, S. 24). Da die Scripts dieses Themenbereichs für die Workshop-Konzeption dieser Arbeit keine große Relevanz haben, werden sie an dieser Stelle nicht näher ausgeführt.

Mikunda vergleicht die Brain Scripts mit einer Software, die Informationen müssen anfangs geladen werden, um später durch den richtigen Knopfdruck ausgelöst werden zu können. Es ist also essenziell zu wissen, wie die passenden Scripts für die jeweilige Zielgruppe abgerufen werden können (Mikunda, 2011, S. 25):

> Welche Knöpfe man drücken muss, um die Geschichtenmaschinen in uns anzuwerfen, hängt vom Bekanntheitsgrad des Scripts ab. „Rache ist süß" oder „Wer einmal lügt, dem glaubt man nicht, und wenn er auch die Wahrheit spricht" sind sprichwörtliche Abläufe, die so prototypisch und allgemein bewusst sind, dass ein funke genügt, um die Lunte zu entzünden. Die Psychologie bezeichnet solche Funken als – *Header.* (Mikunda, 2011, S. 25–26)

4.2.4 Exkurs: Parallelwelten (nach Mikunda)

Nun soll ein kurzer Exkurs zu den Systemen der *Brandlands* erfolgen, Mikunda beschreibt hier eine Virtualität als Hintergrund-Welten für Marken – unter anderem erwähnt er *Parallelwelten.* Parallelwelten werden ebenso in der zu behandelnden Methode Design Fiction miteinbezogen, deshalb wird Mikundas Denkansatz an dieser Stelle als wichtig erachtet und dargelegt. Er sieht Parallelwelten wie folgt:

> Dieses Universum zeigt Merkmale einer „Thematisierung", bei der man deshalb in einer anderen Welt versinkt, weil man die Inszenierung als Lebensumwelt akzeptiert [...]. Man beginnt, in einer solchen Welt zu leben, übernimmt das „Brain Script", erkennt das Lebensgefühl, das vermittelt wird. (Mikunda, 2011, S. 198)

Parallelwelten definiert der Autor mit zwei Faktoren. Zum einen wird eine Bereitschaft „mitzuspielen" vorausgesetzt. Zum anderen soll der Detailgrad dieser Welt, den Betrachter dazu bringen, sie als real anzunehmen – *Seeing is Believing* (Mikunda, 2011, S. 199).

Diese Definition von Mikunda weist durchaus Gemeinsamkeiten mit dem Begriff der Diegese auf: *Die Diegese beschreibt alles was in einer Fiktion passiert oder was sie andeutet, wenn man diese Fiktion als real, betrachten würde (siehe Kapitel 3.4.2).* Wenn Mikunda mit dem genannten *Detailgrad der Welt* auf die Objekte in dieser Welt anspielt, können diese als *diegetische Prototypen* bezeichnet werden.

4.2.5 Workshops moderieren – Wer erzählt die Story?

Da im folgenden Kapitel ein Workshop-Konzept entstehen soll, liegt eine Auseinandersetzung mit dem Thema *Moderation* nahe. Hierfür soll geklärt werden, welche Probleme in Gruppendiskussionen entstehen können und wie ein Moderator diese Diskussionen begleiten und strukturieren kann, um effizientere Ergebnisse zu schaffen.

Wenn mehrere Personen zusammen ein Thema erarbeiten, stößt man schnell auf zwischenmenschliche Schwierigkeiten. Trotz guter Vorsätze wie „[...] diesmal ausschließlich sach- und zielorientiert zu diskutieren [...]" (Groß, 2018, S. 4), enden Gruppengespräche oft in Endlosschleifen und Themen werden trotz Zeitdruck zerredet. Hier kommt die Thematik der Moderation bzw. die Moderatorin oder der Moderator zum Einsatz – sie sind dafür zuständig, Kommunikationsprozesse dahingehend zu begleiten, um darin eine Effizienz und eine Zielerreichung zu gewährleisten. Wichtig dabei ist, dass die Moderatorin oder der Moderator im Vorfeld die Spielräume und Grenzen für den Workshop und die darin geführte Diskussion definieren. Bei gemeinsamen Entscheidungen greifen die Moderatoren helfend ein, um dem Ziel immer näher zu kommen (Groß, 2018, S. 4–6).

> Mit expliziter Moderation werden in einer Diskussion nicht grundsätzlich andere Themen adressiert als in Gesprächen ohne sie. Allerdings wird mit Moderation, so die These, *anders* über Themen und Fragen gesprochen. Dafür setzt Moderation gestalterische Impulse. Sie reduziert an manchen Stellen Komplexität, um sie an anderen Orten für die Prozessqualität wieder zu erhöhen. Mit guten Fragen wird Einfluss auf den Prozessverlauf genommen. Hilfreiche Strukturen und Methoden unterstützen die inhaltliche Bearbeitung. Moderation bietet allen Beteiligten immer wieder Raum, sich einzubringen und gemeinsam mit anderen im Kontakt zu bleiben. Auf diese Weise stiftet sie inhaltliche, soziale und prozessuale Orientierung. (Groß, 2018, S. 6)

Im Spannungsfeld von Sache und Beziehung werden zwei Dimensionen beschrieben, die für die Moderation große Bedeutung haben. Zum einen die Sache, um die es im Workshop geht – hier sind inhaltliche Aspekte gemeint. Beispielsweise der Hinweis auf ungeklärte Punkte, das Impulsgeben, um alte Strukturmuster zu durchbrechen oder Ähnliches. Zum anderen geht es um die Beziehung zu den Teilnehmern und deren Beziehungen untereinander – wichtig ist eine Ausgewogenheit der Stimmung im Team. Zu schlechte Stimmung kann große Konflikte verursachen und das Ergebnis eines Workshops beeinflussen. Zu gute Stimmung kann hingegen ebenfalls negative Ergebnisse hervorbringen – wenn sich alle Teilnehmerinnen und Teilnehmer einer vorherrschenden Meinung anschließen, kann es zu Fehleinschätzungen kommen, die sogenannten Group-Thinking-Fallen (Groß, 2018, S. 10–11).

Wird die moderierende Person als weitere Komponente hinzugefügt, spricht man von einem *Interaktionsdreieck*: *Gruppe, Thema und Moderator.* Dabei wird beschrieben, dass die drei genannten Elemente einander stützen, fällt ein Teil weg, kann die ganze Konstruktion einbrechen. „Der Moderator und die Gruppe bilden dabei eine Schicksalsgemeinschaft. Sie sind wechselseitig aufeinander angewiesen“ (Groß, 2018, S. 13–14). „Die Achse zwischen Thema und Gruppe bleibt eine Wegstrecke, die nur von den Teilnehmern selbst gemeistert werden kann“ (Groß, 2018, S. 14).

Die Aufgaben der moderierenden Person sind *Prozessgestaltung, Interaktionsbegleitung* und *Informationssteuerung.* Dafür gibt es natürlich unterschiedliche Arbeitsweisen und Zugänge, einige arbeiten sehr frei, andere folgen einem detailliert vorgefertigten Plan. In allen Fällen braucht Moderation eine umfangreiche Vorbereitung (Groß, 2018, S. 14–15):

> Ein bisschen ist es so wie bei einer Zirkusaufführung. Alles, was für den Zuschauer so leicht und einfach aussieht, ist das Ergebnis einer konsequenten Interaktionsplanung oder spontane Improvisationskunst. Beides beruht darauf, dass im Vorfeld unzählige Male geprobt und arrangiert wurde, bis jeder Schritt auf der Bühne sitzt. (Groß, 2018, S. 15)

4.3 Zwischenfazit III

Auf den Begriff Storytelling trifft man im wirtschaftlichen Umfeld immer dort, wo versucht wird, komplexe bzw. für den Menschen nicht sonderlich unterhaltende Sachverhalte in eine spannende Geschichte zu verpacken. In der Unterhaltungsbranche sind dramaturgische Mittel schon lange (und zwar seit Aristoteles) Teil des Erzählens. Die zuvor aufgezeigten Rahmenwerkzeuge sollen im folgenden Kapitel helfen, aus der Methode Design Fiction ein Anwendungskonzept zu erstellen, welches komplexe Strukturen aufbricht und einen verständlichen und dramaturgisch spannenden Weg vorzeigt.

An dieser Stelle sollen die Erkenntnisse des vorangegangenen Kapitels dabei unterstützen, die nächste Teilforschungsfrage der vorliegenden Arbeit zu beantworten.

4.3.1 Mit welchen Methoden kann ein ansprechender („unterhaltsamer") Workshop kreiert werden, der die Bedürfnisse der Zielgruppe trifft?

Im Folgenden wird beschrieben, wie die Methoden *visuelles Storytelling, Drei-Akt-Struktur, Heldenreise* und *Brain Scripts* die Konzeption eines Design Fiction Workshops unterstützen können.

Der Bereich des *visuellen Storytellings* ist ein machtvolles Werkzeug, da der Mensch, wie zuvor beschrieben, auf Bilder stärker reagiert als auf Text. Dazu kommt, dass mittlerweile die Generation der Digital Natives am Markt eine vorherrschende Rolle spielt – und diese mit Bildmedien aufgewachsen sind. Die Autorin Kleine Wieskamp beschreibt

Kriterien für starke Bilder – diese sollen vor allem im visuellen Konzept des Design Fiction Workshops eingearbeitet werden. Sie sind der Schlüssel, um auf den Workshop bzw. auf das Projekt aufmerksam zu machen.

Eine *Drei-Akt-Struktur* ist insofern empfehlenswert, da dies ein Konzept ist, das seit Hunderten von Jahren funktioniert und in den Köpfen der Menschen tief verankert ist. Die Struktur soll an dieser Stelle dazu verwendet werden, den Workshop dramaturgisch zu unterstützen und ihm Spannung zu verleihen. Durch eine Gliederung in drei Akte und zusätzlichen Elementen der Spannung (z.B. Wendepunkte) kann der Versuch gestartet werden, den Rezipienten durch gelerntes Wissen (z.B. aus Filmen) ein Gefühl für Zeit zu vermitteln – sie oder er kann somit erahnen, wie weit der Workshop bereits fortgeschritten ist und wie hoch der Workload zum jeweiligen Zeitpunkt sein sollte.

Die *Hero's Journey* ist nicht weniger in den Köpfen der Menschen existent wie die Drei-Akt-Struktur – wenn auch unterbewusst. Doch aus einer Flut an Hollywood-Filmen weiß man, an welcher Stelle die Heldin oder der Held welche Aufgabe zu bewältigen hat und wer ihr oder ihm dabei zur Seite steht (was im Falle eines Workshops ein Moderator sein kann – der Mentor). Die Struktur der Heldenreise ist eine gut geeignete Möglichkeit, wichtige Elemente aus dem Design Fiction stufenweise in ein Gesamtkonzept zu verwandeln. Es können dadurch maßgebende Elemente aus dem Design Fiction mit den Bedürfnissen von Teilnehmerinnen und Teilnehmer eines Workshops verbunden werden. Des Weiteren kann ein zeitlicher (dramaturgisch aufbereiteter) Ablauf in das Konzept integriert werden und so eine – *Design Fiction Journey* – geschaffen werden.

Die Beschreibung der Brain Scripts kratzt im vorangegangenen Kapitel nur an der Oberfläche von Mikundas Konzept, es reicht jedoch aus, um eine für diese Arbeit relevante Kernaussage zu entnehmen: Die Rezipienten müssen involviert werden, sie sollen sich durch gelernte Handlungsmuster einen Reim auf die Geschichte machen können. Durch die Methode der Brain Scripts wird klar, dass für die Thematik der vorliegenden Arbeit, eigene Brain Scripts gefunden werden müssen, um den Rezipienten das Verständnis von Design Fiction leichter zu gestalten und ebenso sie zu unterhalten, damit durch eine kreative Atmosphäre neue Ideen entstehen können.

5 Experimentelle Entwicklung

Im folgenden Kapitel wird nach der Definition einer experimentellen Entwicklung ein Workshop- bzw. Anwendungskonzept der Methode *Design Fiction* erstellt. Zielgruppe für diese Anwendung sind Unternehmen, die offen dafür sind, ihren Blickwinkel auf die eigenen Produkte, Dienstleistungen oder Strategien zu ändern. Durch Gedankenexperimente werden verschiede Möglichkeiten der Zukunft erkundet und versucht, erste Ansätze der neu entstandenen Ideen in die aktuellen Strategien zu integrieren.

Zunächst ist eine Begriffsdefinition für die *experimentelle Entwicklung* notwendig, um zu prüfen, welche Kriterien erfüllt werden müssen.

Anschließend wird die Idee des Konzeptes grafisch dargestellt und die einzelnen Schritte im Detail erörtert. Mit der Erstellung des Konzeptes wird folgende Teil-forschungsfrage beantwortet:

- *Wie kann ein Konzept für die zukunftsorientierte Kreativmethode Design Fiction als kompakter Workshop aussehen?*

Als Abschluss der Konzeptionsphase soll eine SWOT-Analyse die Stärken, Schwächen, Chancen und Risiken des entwickelten Konzeptes aufzeigen – durch diese Analyse kann die letzte Teilforschungsfrage beantwortet werden. Diese lautet wie folgt:

- *Welche wirtschaftlichen Chancen können in einem Workshop der zukunftsorientierten Kreativmethode Design Fiction gesehen werden?*

5.1 Begriffsdefinition: Experimentelle Entwicklung

Zuerst wird der Begriff durch drei unterschiedliche Quellen definiert, anschließend wird die Vorgehensweise, um diese Definition zu erfüllen, vorgestellt.

Die *OECD – Organisation for Economic Co-operation and Development* sieht die experimentelle Entwicklung wie folgt:

> Research and experimental development (R&D) comprise creative work undertaken on a systematic basis in order to increase the stock of knowledge, including knowledge of man, culture and society, and the use of this stock of knowledge to devise new applications. (OECD – Organisation for Economic Co-operation and Development, 2002, S. 30)

In der zweiten Definition decken sich die Ausführungen einer Verordnung der Europäischen Kommission (2002) sowie der *Österreichischen Forschungs-förderungsgesellschaft mbH* (2014):

> Erwerb, Kombination, Gestaltung und Nutzung vorhandener wissenschaftlicher, technischer, wirtschaftlicher und sonstiger einschlägiger Kenntnisse und Fertigkeiten mit dem Ziel, neue oder verbesserte Produkte, Verfahren oder Dienstleistungen zu entwickeln. Dazu zählen zum Beispiel auch Tätigkeiten zur Konzeption, Planung und Dokumentation neuer Produkte, Verfahren und Dienstleistungen.
> Die Experimentelle Entwicklung kann die Entwicklung von Prototypen, Demonstrationsmaßnahmen, Pilotprojekte sowie die Erprobung und Validierung neuer oder verbesserter Produkte, Verfahren und Dienstleistungen in einem für die realen Einsatzbedingungen repräsentativen Umfeld umfassen, wenn das Hauptziel dieser Maßnahmen darin besteht, im Wesentlichen noch nicht feststehende Produkte, Verfahren oder Dienstleistungen weiter zu verbessern. [....]
> Die Experimentelle Entwicklung umfasst keine routinemäßigen oder regelmäßigen Änderungen an bestehenden Produkten, Produktionslinien, Produktionsverfahren, Dienstleistungen oder anderen laufenden betrieblichen Prozessen, selbst wenn diese Änderungen Verbesserungen darstellen sollten. (EU, 2014, S. 25; Österreichische Forschungsförderungsgesellschaft mbH, 2015, S. 3)

Die Formulierung des Leistens einer schöpferischen Arbeit, welche auf systematischer Basis besteht, wird in der vorliegenden Arbeit folgendermaßen umgesetzt: Die schöpferische Arbeit ist die Konzeption eines strukturierten Workshops bzw. einer Anwendungsmöglichkeit der Methode Design Fiction. Die systematische Basis besteht in der ausgiebigen Recherche wissenschaftlicher Fachliteratur sowie das Entnehmen einzelner Elemente aus bestehenden Methoden, und der Zusammenführung dieser zu einem neuen Konzept bzw. zu neuem Wissen. Folgende Methoden werden hierfür herangezogen:

- Design Fiction (Bleecker, 2009; Sterling, 2005)
- Die Heldenreise (Vogler, 2007)
- „PPPP"-Grafik (Dunne & Raby, 2013, S. 5)
- Szenario-Technik (von Reibnitz, 1992)
- Zukunftswerkstätten (Jungk, zitiert nach Müllert, 2009)
- Brain Scripts (Mikunda, 2011)

Die zuvor genannten Methoden tragen wesentlich zum neuen Konzept bei, etwaige weitere Ansätze werden direkt im Text genannt.

5.2 Design Fiction Journey – Formulierung des neuen Konzeptes

Die *Design Fiction Journey* ist ein Konzept, welches die innovative Designpraxis *Design Fiction* einem Publikum im wirtschaftlichen bzw. unternehmerischen Umfeld näherbringen soll. Dazu ist es notwendig, die essenziellen Elemente der komplexen Methode zu erkennen und zu isolieren – anschließend sollen diese in ein stufenweises Konzept eingearbeitet werden. Mithilfe des neuen Anwendungsleitfadens können Unternehmen diese narrative Kreativmethode zur Weiterentwicklung ihrer Produkte, Dienstleistungen oder Strategien nutzen. Die Narrationen, die durch die Konzeption von zwei unterschiedlichen Prototypen und deren Szenario-Welten entstehen, können nicht nur zur Weiterentwicklung der Unternehmensstrategie beitragen, sondern auch für die Entwicklung von Mediencontent bzw. für die Entwicklung von innovativen Medienkampagnen verwendet werden.

Das Konzept basiert auf der *Hero's Journey* nach Vogler (siehe Kapitel 4.2.2), was eine vielzitierte, dramaturgische Anleitung zum Konzipieren von Geschichten ist. In Verbindung mit der *„PPPP-Grafik"* nach Dunne & Raby, welche unterschiedliche Möglichkeiten der Zukunft darstellt (siehe Kapitel 3.5.2), werden diese Zukunftsebenen mit dem Prinzip des Storytellings verbunden. In diesem Prozess entstehen zwei Entwürfe für fiktive Prototypen, die je eine andere mögliche Zukunft des Ausgangsthemas darstellen. Die beiden Prototypen werden jeweils von einem narrativen Szenario umringt. Das erste Szenario bildet die *Possible Future*, es ist eine Alles-ist-möglich-Zukunft, hier gibt es keinerlei technische Limitation – es wird eine komplett neue Welt umrissen. Das zweite Szenario befasst sich mit der *Plausible Future*, hier steht die Logik im Vordergrund, neue innovative Ansätze werden weitergedacht – auch hier muss die Idee technisch (noch) nicht umsetzbar sein. Im ersten Szenario wird den Ideen freier Lauf gelassen, im zweiten folgt man einer logischen Idee. Elemente wie Magie und phantastische Wesen aus dem Fantasy-Genre sollen jedoch in keinem der Szenarien eine Rolle spielen – die Ideen sollen immer einer technologisch-wissenschaftlichen Sichtweise entspringen.

Durch die richtigen Brain Scripts nach Mikunda (siehe Kapitel 4.2.3) und durch visuelles Storytelling wie es Kleine Wieskamp beschreibt (siehe Kapitel 4.1.2), soll das Workshop- bzw. Anwendungskonzept von Design Fiction, welches das zentrale Thema dieser Arbeit darstellt, eine ansprechende Corporate Identity erhalten. Ein Vorschlag für diese wird in einem ergänzenden Anleitungshandbuch zur vorliegenden Masterthesis umgesetzt.

Im Folgenden werden die Schritte der *Design Fiction Journey* im Detail ausgeführt.

5.3 Dynamik im Team und zeitlicher Rahmen

An dieser Stelle sollen Details, was das Team betrifft, geklärt werden. Im Grunde richtet sich der Workshop an Personen, die in einem Unternehmen an der Entwicklung und Weiterentwicklung beteiligt sind. Das sind beispielsweise die Bereiche: Marketing und Kommunikation, Design, Werbung, Management, aber auch technisch-wissenschaftliche Bereiche wie Softwareentwicklung bzw. Produktentwicklung in unterschiedlichen Bereichen. Als Fazit der Methode der Zukunftswerkstätten geht hervor, dass es wichtig ist, betroffene Menschen (nicht nur Experten) in einen Entwurfsprozess zu integrieren, da so festgefahrene Denkmuster von Expertengruppen aufgebrochen werden können. Auch die „natural human ability“ nach Nelson & Stolterman weist darauf hin, dass Design eine menschliche Fähigkeit zur Problemlösung ist und deshalb nicht einer Profession vorbehalten sein soll (siehe Kapitel 2.4). Deshalb wird empfohlen, unternehmensfremde Personen in den Gestaltungsprozess miteinzubeziehen. Die Zahl der Gruppengröße soll dehnbar bleiben, da kleine Unternehmen von diesem Konzept genauso profitieren sollen wie große. Ein Empfehlungswert liegt zwischen 5–10 Personen. Je nach Gruppengröße sollen die zwei Zukunftsszenarien, parallel in geteilten Gruppen oder nacheinander entworfen werden.

Der zeitliche Rahmen wird in drei Kategorien gegliedert, um den Kunden unterschiedliche Möglichkeiten anbieten zu können. Dabei kann in einem Paket-System gearbeitet werden - *Small, Medium* und *Premium*. Der Unterschied besteht in der Dauer, die vom Kunden für das Projekt aufgebracht werden kann. Die kürzeste Variante *Small* wird in einem straffen Programm in zwei Werktagen durchgeführt. In der Variante *Medium* bekommt jedes, der Zukunftsszenarien je einen vollen Tag gewidmet. Die Variante *Premium* hingegen ist ein Prozess, indem detaillierte Entwürfe und Szenarien entstehen und immer wieder durch Feedbackgespräche überarbeitet werden. Um dabei nicht in einem endlosen Projekt zu landen, muss im Vorfeld ein Enddatum für eine Projektpräsentation vereinbart werden. Diese Variante eignet sich hervorragend für Teams, die eine mögliche Zukunft ihres Unternehmens, detailliert erforschen wollen. Ebenso ist diese Variante als Semesterprojekt im Bildungssektor, beispielsweise für Designstudiengänge, durchaus geeignet.

5.4 Aufbau des Konzeptes

Die folgende grafische Darstellung (Abbildung 13) bildet das zentrale Konzept der vorliegenden Arbeit. Sie zeigt den stufenweisen Ablauf der *Design Fiction Journey*, was als eine Anwendungsmöglichkeit für *Design Fiction* verstanden werden kann. Das neue Konzept versucht, durch die Designpraxis einer wirtschaftlichen bzw. unternehmerischen Zielgruppe einen kreativen Blickwinkel auf die eigenen Produkte, Dienstleistungen oder Strategien zu geben. So soll die Möglichkeit entstehen, diese weiterzuentwickeln oder zumindest erste Ansätze für eine wünschenswerte Zukunft zu finden. In den folgenden Zwischenkapiteln werden die jeweiligen Schritte im Detail beschrieben.

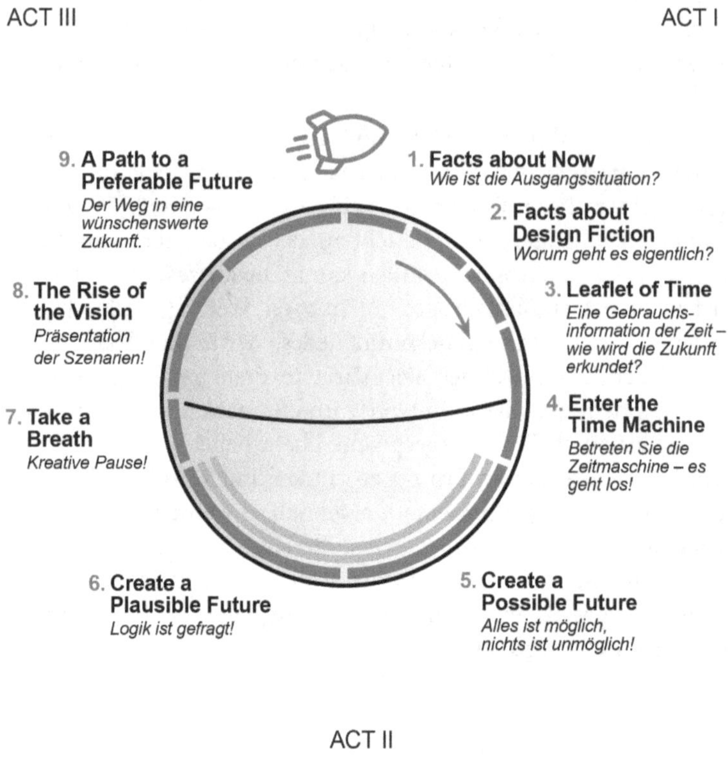

ACT III

ACT I

1. **Facts about Now**
Wie ist die Ausgangssituation?

2. **Facts about Design Fiction**
Worum geht es eigentlich?

3. **Leaflet of Time**
Eine Gebrauchsinformation der Zeit – wie wird die Zukunft erkundet?

4. **Enter the Time Machine**
Betreten Sie die Zeitmaschine – es geht los!

5. **Create a Possible Future**
Alles ist möglich, nichts ist unmöglich!

6. **Create a Plausible Future**
Logik ist gefragt!

7. **Take a Breath**
Kreative Pause!

8. **The Rise of the Vision**
Präsentation der Szenarien!

9. **A Path to a Preferable Future**
Der Weg in eine wünschenswerte Zukunft.

ACT II

Abbildung 13. Design Fiction Journey

5.4.1 Schritt 1: Facts about Now

Wie ist die Ausgangssituation?

Zu diesem Zeitpunkt wurde bereits ein Entschluss gefasst, sich als Team einer gemeinsamen kreativen Aufgabe zu stellen. An dieser Stelle muss die Ausgangslage des Projektes erkundet werden – also das aktuelle Produkt, die aktuelle Dienstleistung oder Strategie, von der aus in die Zukunft spekuliert werden soll.

Projiziert man diesen Schritt auf die Heldenreise von Vogler, ist er mit der *Ordinary World* gleichzustellen. Bevor eine Geschichte überhaupt beginnt, sind eine Reihe an kreativen Entscheidungen zu treffen. Welche Erfahrung soll das Publikum, in diesem Fall die Teilnehmerin oder der Teilnehmer des Workshops, zuerst machen (Vogler, 2007, S. 84). „The opening image can be a powerful tool to create mood an suggest where the story will go. It can be a visual metaphor that, in a single shot or scene, conjures up the Special World of Act Two […]" (Vogler, 2007, S. 85). Befolgt man diesen Hinweis von Vogler, müssen zu Beginn der Reise die unterschiedlichen Varianten der Zukunft, mit denen man sich später befasst, angekündigt werden. Dafür eignen sich die von Kleine Wieskamp beschriebenen starken Bilder (siehe Kapitel 4.1.2). Auch wenn sich das Team noch in der *Ordinary World* befindet, soll durch Unterstützung von Bildern bereits das Zukünftige als Gefühl vermittelt und so die richtigen Brain Scripts (siehe Kapitel 4.2.3) ausgelöst werden. Die Ausarbeitung der Bildwelten folgt in einem späteren Kapitel.

Im Zentrum der *gewöhnlichen Welt* steht die Gegenwart bzw. eine wahrscheinliche Zukunft (Present und Probable Future), also jene Variante der Zukunft, die am ehesten eintreffen könnte. Zunächst setzt sich das Team mit der Ausgangslage auseinander. Hierfür soll das aktuelle Produkt, die aktuelle Dienstleistung oder Strategie zusammengefasst, erklärt und reflektiert werden, um alle Teilnehmerinnen und Teilnehmer auf denselben Wissensstand zu bringen. Wichtig dabei ist, dass dieser Teil der Reise keine zu große Gewichtung gegenüber der Kreationsphase einnimmt. Die Fakten sollen in knapper, strukturierter Form dargelegt werden. Als Hilfestellung können zum Beispiel folgende Fragen in der Ausgangssituation gestellt werden:

- Was sind die Alleinstellungsmerkmale (USP = Unique Selling Proposition)?
- Was sind die nächsten Ziele, die erreicht werden sollen?
- Was sind Ziele, die in den nächsten (1–3) Jahren erreicht werden sollen?
- Wie kann das Ausgangsprodukt in einem Satz zusammengefasst werden?

- Welche verbesserungswürdigen Punkte sind bekannt?
- Was sind die Schwächen?

Die letzte Frage versucht schon, Punkte für die spätere Kreationsphase zu provozieren. In Anlehnung an die Kritik- und Beschwerdephase der Zukunftswerkstätten nach Jungk (siehe Kapitel 2.1.4) sollen Probleme, Mängel oder störende Sachverhalte identifiziert und in Stichwörtern festgehalten werden. Lösungsansätze werden hier bewusst noch nicht überlegt.

5.4.2 Schritt 2: Facts about Design Fiction

Worum geht es eigentlich?

In diesem Schritt erklärt die Moderatorin oder der Moderator die Methode, dafür wird der erklärende Text, welcher im Zwischenfazit II (Kapitel 3.6.1 und 3.6.2) erarbeitet wurde, herangezogen und dient als Basis der Methodenbeschreibung:

Design Fiction ist eine Kreativmethode, die Ideen einer wünschenswerten Zukunft materialisiert. Die dabei entstehenden Prototypen sind losgelöst von technischer Limitation der Gegenwart. Ein narratives Szenario umhüllt die kreierten Objekte und beschreibt die fiktive Welt, aus der sie stammen. Die Prototypen erleichtern das Nachdenken über eine ungewisse Zukunft und helfen dabei neue, innovative Ideen hervorzubringen. Das Hauptziel, von Design Fiction, ist die Erschaffung eines Prototyps, der durch seine Geschichte neue Ideenräume eröffnet. Die Welt und die Beschaffenheit um das Objekt verdeutlichen, wie eine wünschenswerte Zukunft („preferable future") aussehen kann. Die Narrationen unterstützen dabei, unterschiedliche Wege zu erkunden. Auf diese Weise können ebenso Risiken betrachtet, als auch Innovationen vorangetrieben werden. Die fiktiven Szenarien eines zukünftigen Produktes, einer Dienstleistung oder einer Strategie helfen dabei, den Blickwinkel auf das Bestehende zu verändern und dadurch auf kreative Weise unbedachte Aspekte zu beleuchten. In diesen Gedankenexperimenten wird der Phantasie freien Lauf gelassen, um neue Ideen zu finden, die nicht an unsere bekannte Realität gebunden sind. Aus so einem wünschenswerten Zukunftsszenario werden erste Ansätze für die Gegenwart abgeleitet.

An dieser Stelle befasst sich das Konzept direkt mit dem Kernthema, auf Voglers Methode übertragen findet nun der *Call to Adventure* statt – Design Fiction tritt als das Abenteuer prominent auf.

In Schritt zwei bedarf es jedoch mehr als einer theoretischen Instruktion. Alle beteiligten Personen müssen vom Thema mitgerissen werden, dafür soll visuelles Storytelling eingesetzt werden. Durch ein starkes Corporate Design sollen Brain Scripts ausgelöst werden. Die visuelle Gestaltung ist ein ständiger Begleiter des Gesamtkonzeptes und wird als wichtiges dramaturgisches Element gesehen, da der Mensch auf visuelle Reize stärker reagiert als auf andere Formen des Storytellings (siehe Kapitel 4.1.2).

5.4.3 Schritt 3: Leaflet of Time

Eine Gebrauchsinformation der Zeit – wie wird die Zukunft erkundet?

Die gewählte Bezeichnung *Leaflet of Time* bezieht sich auf die eine Gebrauchs-information, speziell auf eine Gebrauchsinformation, in welcher der zeitliche Ablauf festgehalten ist, aber auch die unterschiedlichen zeitlichen Ebenen der Zukunft im Vorfeld erläutert werden. Ebenso wie im vorangegangenen Schritt spielt hier die Moderatorin bzw. der Moderator eine zentrale Rolle. Nachdem die Folgeschritte umrissen wurden und die Zukunftsebene erklärt sind, werden die Aufgaben verteilt, welche in der Kreationsphase bewältigt werden sollen. Die einzelnen Aufgaben werden im jeweiligen Schritt des Konzeptes ausgeführt.

An dieser Stelle wird auch Platz für Fragen bereitgestellt. Unsicherheiten und Unklarheiten sollen in Bezug auf das Thema Design Fiction sowie der folgenden Schritte durch die Moderatorin oder den Moderator beiseite geräumt werden. Alle Teilnehmerinnen und Teilnehmer sollen sich bereit für die bevorstehenden Aufgaben fühlen. Wichtig für das Konzept ist eine lockere, gute Atmosphäre, dass in weiterer Folge kreativ gearbeitet werden kann. Die Leichtigkeit der Zukunftswerkstätten dient hier als Vorbild (siehe Kapitel 2.1.4). Diese Methode wird oft als Stimmungselement integriert, um die Teamarbeit zu fördern und aufzulockern.

Das Konzept der *Design Fiction Journey* sieht vor, dass alle Teilnehmerinnen und Teilnehmer gleichberechtigt sind – es gibt keine Hierarchien. Lediglich die Moderatorin bzw. der Moderator hat die Möglichkeit, lenkend in den Workshop einzugreifen. Dies muss jedoch auf verantwortungsvolle Weise geschehen – die Unterstützung soll stets helfend und nicht bevormundend sein.

Das Beseitigen aller Hemmungen und Unklarheiten kann im Konzept der Heldenreise im Schritt *Refusal of the Call* wiedererkannt werden – durch eine genaue Beschreibung, was auf die Teilnehmerinnen und Teilnehmer zukommt, und die Beantwortung aller Fragen soll ein Gefühl von Verweigerung neutralisiert werden. Die Moderatorin bzw. der Moderator steht hier stets beratend zur Seite – was auch den Schritt *Meeting with the Mentor* der Heldenreise in den Schritt 3 des vorliegenden Konzeptes integriert. Nach der Theorie des Konzeptes bietet sich eine Pause an.

5.4.4 Schritt 4: Enter the Time Machine

Betreten Sie die Zeitmaschine – es geht los!

Nach langen und theoretischen Ausführungen des Konzeptes und der Arbeitsschritte ist es Zeit, zur Tat zu schreiten. Um eine, wie zuvor beschriebene, lockere und leichte Atmosphäre beizubehalten, soll an dieser Stelle eine kurze Kreativ-übung durchgeführt werden. Die Kreativübung bereitet auf die Kreationsphase vor und verfolgt den Zweck, die Teilnehmerinnen und Teilnehmer zu lockern und ihren Geist für das folgende kreative Arbeiten zu öffnen. Nun wird der Schritt über die Schwelle in eine andere Welt gewagt – in der Heldenreise wird dieser Schritt als *Crossing the Threshold* bezeichnet.

Kreative Zugänge sind in der Strategieentwicklung keine Seltenheit, daher findet man in der geeigneten Fachliteratur viele Techniken und Methoden dafür. Nachfolgend werden einige passende Techniken empfohlen – Kurzbeschreibungen dazu werden im Anhang bereitgestellt und sind detailliert, direkt in der Fachliteratur nachzulesen. Als besonders geeignet werden folgende Methoden angesehen: *Dali's Technique, Da Vinci's Technique, Collaborativ Sketching, Bilder statt Worte,*

Lego Serious Play, Kopfstand-Methode. Durch die Vielfalt an Kreativtechniken kann die *Design Fiction Journey* immer wieder variiert und abwechslungsreich gestaltet werden.

Im Anschluss an die Kreativübung formieren sich die Gruppen bzw. werden die Aufgaben, die zuvor in Schritt 3 verteilt wurden, in Angriff genommen. Hierzu zählt auch das räumliche Einrichten des Arbeitsplatzes sowie das Bereitstellen verschiedener Materialien.

5.4.5 Schritt 5: Create a Possible Future

Alles ist möglich, nichts ist unmöglich!

In Schritt 5 soll der erste von zwei Prototypen sowie eine Szenario-Welt, in der er existiert, entstehen. Die Idee einer *Possible Future* nach Dunne & Raby (siehe Kapitel 3.5.2) stellt die Rahmenbedingung für dieses Szenario da. In diesem Szenario wird alles möglich, jede Idee soll den Raum bekommen, weitergedacht zu werden. Es wird immer davon ausgegangen, dass die Idee machbar ist – technische Umsetzbarkeit sowie Naturgesetze können in diesem Szenario außer Kraft gesetzt werden, sollte es die Idee erfordern. Die Welt, die hier kreiert wird, entsteht ganz nach den Bedürfnissen des Prototyps und somit der Idee. Dabei soll jedoch nicht die technologisch-wissenschaftliche Sichtweise verloren werden. Der fiktive Prototyp hat den Charakter einer Erfindung, nicht eines magischen Objektes.

Nachdem ein Gefühl für diese Zukunft vermittelt wurde, geht es an die Aufgabenverteilung, welche zuvor in Schritt 3 erwähnt wurde. Je nach Gruppengröße müssen die Aufgaben anders verteilt werden, dabei hilft die Moderatorin bzw. der Moderator.

Für die Entwurfsphase des Prototyps wird eine Person zur Visualisierung benötigt. Es müssen dabei keine perfekt ausgearbeiteten Entwurfszeichnungen oder konstruierte Prototypen entstehen. Skizzen, Modelle oder Moodboards sind jedoch hilfreich, wenn es später darum geht, die Idee zu präsentieren – wie bereits erwähnt, haben Bilder auf das menschliche Gehirn eine große Wirkung und sind in der Lage, Emotionen zu wecken.

Eine Person des Teams koordiniert den Prozess, oftmals sprudeln Ideen wie wild, wenn der Kreativprozess im Gange ist. Die Koordinatorin bzw. der Koordinator sollen versuchen, eine gewisse Struktur in die vielfältigen Vorschläge, Phrasen und Bilder zu bringen – um die losen Ideen in ein Konzept zu verwandeln.

In einem späteren Schritt soll eine Person für die Präsentation des Konzeptes zuständig sein, für sie oder ihn ist es wichtig, sich alle Details der entstehenden Welt gut einzuprägen und bereits parallel zur Kreationsphase an einer Präsentation zu arbeiten.

Um eine neuerdachte Welt in so kurzer Zeit zum Leben zu erwecken, braucht es viele gute Ideen. Je nach Gruppengröße bekommt nicht jede Teilnehmerin bzw. jeder Teilnehmer des Workshops eine Rolle wie die drei oben beschriebenen. Jede und jeder ist aber ein Ideengeber. Auch alle, die eine organisatorische Rolle bekleiden sind zusätzlich dazu auch Ideengeber. Nachdem alle Teilnehmenden wissen welche Aufgaben zu bewältigen sind werden die Inhaltlichen Rahmenbedingungen definiert.

Ausgehend von Schritt 1, der Gegenwart und somit des aktuellen Produktes, der Dienstleistung oder Strategie wird ein Prototyp erdacht, der eine verbesserte Form der Gegenwart darstellt. Das Schöne an der *Possible Future* ist, dass alles möglich ist – es wird „ganz groß“ gedacht. Um diesen Prototyp innerhalb des Szenarios so glaubhaft und real wie möglich erscheinen zu lassen, muss auch die Welt rund um ihn kreiert werden. Durch Störereignisse (siehe Kapitel 2.1.3), wie sie in der Szenario-Technik nach von Reibnitz verwendet werden, sollen positive als auch negative Entwicklungen, die aus dem Prototyp resultieren, miteinbezogen werden.

Als Hilfestellung in der Kreationsphase des Szenarios können folgende Fragen herangezogen werden:

- Was macht der Prototyp besser/schlechter im Vergleich zur gegenwärtigen Version?
- Warum hat der Prototyp diese Form?
- Warum wurden diese Materialien verwendet?
- Welche sozialen Codes braucht die Gesellschaft, um den Prototyp zu verstehen?

- Welche positiven/negativen Auswirkungen hat der Prototyp auf die Welt, die ihn umgibt? (in Bezug auf: Wirtschaft; Gesellschaft; Umweltverschmutzung; Politik; Gleichberechtigung; Religion; Kunst; technischen Fortschritt; auf die Branche, für die er bestimmt ist; o.Ä.)

Kurz zusammengefasst, kann die Aufgabe an das Team folgendermaßen gestellt werden:

Kreieren Sie einen Prototyp, der in das Konzept der Possible Future (einer Zukunft, in der alles möglich erscheint) passt, überlegen Sie, wie die Gesellschaft, die Wirtschaft oder Ähnliches in dieser Zukunft funktionieren. Versuchen Sie, positive als auch negative Auswirkungen, die aus Ihrem Prototyp resultieren, in das Szenario miteinzubinden.

5.4.6 Schritt 6: Create a Plausible Future

Logik ist gefragt!

In Schritt 6 soll der zweite von zwei Prototypen sowie eine ihn umgebende Szenario-Welt, entstehen. Diesmal stellt die Idee der *Plausible Future* nach Dunne & Raby (siehe Kapitel 3.5.2) die Rahmenbedingung für das Szenario dar. Der Grundbaustein dafür ist die Logik. Hier sollen aktuelle Entwicklungen, technische Innovationen oder Konzepte, die sich noch in Entwicklung befinden, weiter vorangetrieben werden. Um eine Innovation noch innovativer zu machen, darf es auch in diesem Szenario keine technische Limitation geben. Der Unterschied zum vorherigen Szenario ist, dass die *Plausible Future* so erscheint, als könnte sie in den nächsten Jahren oder Jahrzehnten Wirklichkeit werden.

Je nach Gruppengröße, werden beide Szenarien parallel oder nacheinander entwickelt. Pro Szenario sollten etwa 3–5 Personen in der Arbeitsgruppe sein. Die Aufgabenverteilung verhält sich im Szenario der *Pausible Future* genauso wie im zuvor beschriebenen Szenario.

Auch die inhaltlichen Aspekte gestalten sich ähnlich zu dem zuvor beschrieben Aufbau. Der Unterschied besteht in der Glaubwürdigkeit – die *Possible Future* ist in sich stimmig und soll neue ungewöhnliche Ideen provozieren – sie ist jedoch klar als Fiktion zu erkennen. Die

Plausible Future hingegen wirkt viel realer, sie muss den Rezipientinnen und Rezipienten das Gefühl geben, dass sie wirklich bald auf diese Weise passieren könnte.

Im zweiten Szenario können zusätzlich zu den Fragen des ersten Szenarios auch folgende gestellt werden, um die Konzeption zu unterstützen:

- Welche aktuellen Innovationen können im Konzept aufgegriffen werden?
- Wie würde die neuartige Entwicklung im Alltag funktionieren?

Die Aufgabenstellung des zweiten Szenarios kann wie folgt lauten:

Kreieren Sie einen Prototyp, der in das Konzept der Plausible Future (einer Zukunft, die innovative Entwicklungen logisch weiterdenkt) passt, überlegen Sie, wie neue Entwicklungen in gesellschaftliche Strukturen eingefügt werden können. Versuchen Sie, positive als auch negative Auswirkungen, die aus Ihrem Prototyp resultieren, in das Szenario miteinzubeziehen.

Auch für Schritt 5 und Schritt 6 des Konzeptes lassen sich Brücken zu der Heldenreise schlagen. Bei der Konzeption der Szenarien wagen sich die Teilnehmerinnen und Teilnehmer tief in die Thematik des Design Fiction vor – es werden gemeinsam Aufgaben gemeistert und Schwierigkeiten überwunden. In einer typischen Geschichte würde sich eine Heldin oder ein Held Verbündete suchen und mit diesen verschiedenste Tests bewältigen, bis hin zum *Central Ordeal.*

5.4.7 Schritt 7: Take a Breath

Kreative Pause!

Nach der intensiven Kreationsphase muss sich der Spannungsbogen wieder entspannen. Es muss eine Atempause eingelegt werden – die Teilnehmerinnen und Teilnehmer wollen für ihre Arbeit belohnt werden, Schritt 7 entspricht dem Punkt *Reward* der Heldenreise. Diese Belohnung kann in Form einer kurzen Meditation bestehen oder in einem 20-minütigen Spaziergang, bei dem sich Teammitglieder formieren, die bisher noch keinen direkten Kontakt im Kreationsprozess hatten – dies kann eine Möglichkeit zur weiteren Auflockerung der

Teamstruktur sein. Eine andere Möglichkeit ist ein Dessert für das gesamte Team – Süßes macht glücklich. Ebenso kann es ein physisches Goodie sein, welches die gewählten Brain Scripts des Konzepts fördert. Hier kann durchaus der Moderator kreativ werden. Im Anschluss an die Belohnung ist ein guter Zeitpunkt für eine „richtige" Pause.

5.4.8 Schritt 8: The Rise of the Vision

Präsentation der Szenarien!

In Schritt 8 werden die beiden Prototypen und deren Szenarien der jeweils anderen Gruppe präsentiert. Wird aufgrund der Teilnehmerzahl nur in einer Gruppe gearbeitet, werden die beiden Szenarien nochmal zusammenfassend wiederholt. Für die Präsentationstechnik gibt es keine Vorgaben – die Teilnehmerinnen und Teilnehmer sollen so kreativ wie möglich vorgehen. Das Szenario kann beispielsweise in eine Kurzgeschichte verpackt werden und so den Prototyp vorstellen. Der Prototyp kann aber auch wie ein neues Produkt auf einem Messestand präsentiert werden. Je origineller die Präsentationstechnik, desto mehr Aufmerksamkeit bekommt die Idee.

Im Anschluss an die Präsentation müssen die Besonderheiten (USP) des jeweiligen Konzeptes definiert und aufgeschrieben werden. In jedem Konzept sollen mindestens drei Alleinstellungsmerkmale gefunden werden, um die Vision zu vervollständigen.

Dieser Teil ist mit einer Auferstehung zu vergleichen, durch ein Gedankenexperiment, durch harte kreative Denkarbeit hat das Team den Höhepunkt der Aufgabe erreicht. Neue ungewöhnliche Ideen, welche die Perspektive verändern, sind entstanden. Projiziert man diesen Schritt auf die Heldenreise, befindet man sich in den Bereichen *Road back* und *Resurrection*. In diesem Punkt wird die Schwelle von der besonderen Welt zurück in die gewöhnliche wieder überschritten.

5.4.9 Schritt 9: A Path to a Preferable Future

Der Weg in eine wünschenswerte Zukunft.

Nachdem sich im letzten Schritt neue Punkte herauskristallisiert haben, muss nun überlegt werden, wie damit in der realen Welt gearbeitet werden kann. In der Heldenreise ist dies der Punkt *Return with Elixir* – die Heldin oder der Held bringen etwas aus der besonderen Welt mit, was die sogenannte *Ordinary World* verändert. Auch in der Szenario-Technik beschreibt von Reibnitz einen *Szenario-Transfer* (siehe Kapitel 2.1.3), in welchem die wichtigsten Punkte von zwei Zukunftsszenarien in eine aktuelle Strategie eingearbeitet werden.

Die USP der unterschiedlichen Zukunftsversionen müssen aller Wahrscheinlichkeit nach modifiziert und angepasst werden, bevor sie in eine tatsächliche Handlungsanweisung formuliert werden können. Eine Handlungsanweisung ist in diesem Zusammenhang auch noch etwas weit hergeholt. Dieser Schritt der *Design Fiction Journey* soll als Ergebnis keine gänzlich neue Unternehmensstrategie hervorbringen aber die Methode soll sensibilisieren und den Blick in die Zukunft richten. Was kann an der aktuellen Lage verbessert werden? Welche Veränderung wäre gut für den Menschen? Welche Verbesserungen können der Umwelt helfen? Was würde passieren, wenn wir diese wünschenswerte Zukunft schon bald erreichen könnten? Fragen dieser Art sollen in der *Design Fiction Journey* gestellt und in Gedankenexperimenten weiterverfolgt werden. Die wichtigste Frage im *Design Fiction* lautet: Was wäre, wenn …?

5.5 SWOT-Analyse: Wirtschaftliche Chancen des Konzeptes

Die SWOT-Analyse ist ein Analyseinstrument, welches oft die Basis für Marketingstrategien bildet. Dabei werden die Stärken (Strengths) und Schwächen (Weaknesses) des zu analysierenden Unternehmensfeldes bestimmt, diese bilden die interne Sicht. Anschließend werden Chancen (Opportunities) sowie Risiken (Threats) definiert, dies sind die äußeren Einflussfaktoren. Die SWOT-Analyse wird in einer visuellen Matrix dargestellt und eignet sich um Komplexe Inhalte vereinfacht und überblicksmäßig darzustellen (Salzburg Research, 2015).

Die Vorgehensweise erfolgt in vier Schritten. Zu Beginn werden die externen Chancen und Risiken ermittelt, anschließend die internen Stärken und Schwächen identifiziert und in der SWOT-Matrix dargestellt. Diese internen und externen Ergebnisse werden im Anschluss wie folgt kombiniert: Die S-O-Strategie setzt sich aus den inneren Stärken und äußeren Chancen zusammen, die S-T-Strategie befasst sich mit den inneren Stärken und äußeren Risiken. Im Vergleich dazu werden auch die inneren Schwächen in Verbindung mit den äußeren Chancen in der W-O-Strategie betrachtet. Zuletzt wird das Szenario aus den inneren Schwächen und den äußeren Risiken betrachtet, nämlich in der W-T-Strategie. Nach den einzelnen Schritten wird versucht, eine Gesamtstrategie abzuleiten (Salzburg Research, 2015):

> Hill und Westbrook (1997, S. 46ff)) argumentieren, dass die SWOT-Analyse eher oberflächlich ist und zu wenig in die Tiefe geht. Eine zusätzliche detaillierte Analyse ist im Falle dieser Methode fast immer notwendig. Bei der Analyse werden zwar viele Aspekte und Informationen gesammelt aber es gibt keine Priorisierung und die Analyse externer Faktoren kann nur selten vollständig erfolgen. Des Weiteren stellen die Ergebnisse lediglich Momentaufnahmen dar und hängen stark von den beteiligten Personen ab. (Hill und Westbrook, 1997, zitiert nach Salzburg Research, 2015)

Trotz dieser kritischen Betrachtung der SWOT-Analyse eignet sich das Konzept durchaus, um für die neue *Design Fiction Journey* einen ersten Ausblick geben zu können und erste Ansätze einer Marketingstrategie absehen zu können.

Im Folgenden werden erste Strategien für die *Design Fiction Journey* umrissen, dies geschieht am Beispiel eines neu gegründeten Unternehmens, welches den neuen Workshop als Dienstleistung anbietet. Im Anschluss daran wird die zugrundeliegende SWOT-Matrix abgebildet (Abbildung 10).

Aufgrund der Stärken und Chancen ergibt sich für die *Design Fiction Journey* folgende *S-O-Strategie*. Im Marketingauftritt soll zunächst die Neuartigkeit der Methode sowie das Thema „Innovation“ in den Fokus gerückt werden. Der Titel schafft Assoziationen zum Thema „Science-Fiction“, dies soll in der visuellen Kommunikation ausgereizt werden.

Dies ist auch zugleich das Überthema der Brain Scripts, welche die Rezipientinnen und Rezipienten in das Projekt emotional involvieren soll. Um ein größeres Vertrauen der Kundinnen und Kunden gegenüber dem neuen Workshop-Konzept einfordern zu können, sind Kooperationen mit renommierten Bildungseinrichtungen erstrebenswert.

Die Risiken werden in der SWOT-Matrix durch ein Überangebot an Kreativ-Workshops, eventuelle Nachahmer des Konzeptes oder Desinteresse der Zielgruppe beschrieben - die S-T-Strategie versucht, die Risiken mithilfe der Stärken zu minimieren. Dabei wird auf die Einzigartigkeit der Idee sowie auf einen starken visuellen Auftritt des Konzeptes gesetzt.

Die W-O-Strategie lässt folgende strategische Vorgehensweisen zu: Themen wie „Innovation“, „Sci-Fi“ und „Kreativität“ werden genutzt, um Interesse an der *Design Fiction Journey* zu wecken. Ziel ist es, dadurch die Unbekanntheit, welche aus der Neuheit des Konzeptes resultiert, zu kaschieren. Unklarheiten im Konzept, die ebenfalls aus der Neuheit resultieren, werden durch eine starke visuelle Kommunikation minimiert, als Beispiel können Erklärvideos hergestellt werden. Eine Schwäche des Konzeptes ist die fehlende Kundenbindung. Um diese Schwäche in eine Stärke zu verwandeln, kann ein erweitertes Angebot die Gestaltung von Mediencontent sein. Die Szenarien der unterschiedlichen Zukunftsversionen bieten bereits narrative Inhalte, die weiterverarbeitet werden können. Ebenso können Folgeworkshops angedacht werden, welche eine Figurenentwicklung zum Thema haben. Dabei können für die zuvor entstandenen Zukunftsszenarien, Testimonials entwickelt werden. Die Konzeption der Folgeworkshops ist jedoch nicht Teil der vorliegenden Master Thesis.

Die W-T-Strategie ist das Worst-Case-Szenario, hierfür muss überlegt werden, was zu tun ist, wenn die Schwächen auf die Risiken treffen. Die Strategie sieht vor, dass bei einer (beispielhaften) Unternehmensgründung, wie sie zuvor erwähnt wurde, das Budget anfangs möglich geringgehalten wird. Diese Maßnahme verringert das Risiko eines großen finanziellen Schadens, sollten die Maßnahmen der Stärken und Chancen im Markt nicht funktionieren.

	SWOT-Matrix „Design Fiction Journey"	
	Stärken *(Strengths)*	***Schwächen*** *(Weaknesses)*
	1. *neues, innovatives Kreativ-Konzept*	1. *Unbekannt, deshalb großer Erklärungsbedarf.*
	2. *prägnanter Titel (Assoziation zu Sci-Fi)*	2. *Ergebnisse sind „nur" richtungsweisend nicht handfest*
	3. *Team-Building-Effekt*	3. *kein Folgeangebot (Kundenbindung)*
	4. *frühes Erkennen v. Missständen in d. aktuellen Strategie*	4. *Unbekanntheit des Anbieters (bei Neugründung)*
Chancen (Opportunities)	***S-O-Strategie***	***W-O-Strategie***
1. *Innovation liegt im Trend* 2. *Sci-Fi-Trend durch Filme u. Serien* 3. *bekannte Bildungseinrichtungen für Kooperationen* 4. *allg. Bereitschaft für Weiterbildung*	*Nutzung des Themas „Innovation";* *Nutzung der Neuartigkeit;* *Assoziationen zur Science-Fiction in der visuellen Kommunikation herstellen;* *Kooperationen mit renommierten Bildungseinrichtungen anstreben*	*Themen wie „Innovation", „Sci-Fi", „Kreativität" nutzen, um Interesse zu wecken (dadurch Unbekanntheit kaschieren);* *Unklarheiten im Konzept durch starke visuelle Kommunikation minimieren;* *Kundenbindung schaffen: narrative Szenarien d. Workshops in Kampagnen verarbeiten*
Risiken (Threats)	***S-T-Strategie***	***W-T-Strategie***
1. *Überangebot bei Kreativworkshops* 2. *zu wenig Interesse am Thema (Unbekanntheit)* 3. *Nachahmung*	*Überzeugende Kampagnen, um im Markt herauszustechen;* *Interesse durch das Thema Sci-Fi anregen;* *Nachahmung d. Kompetenz entgegnen*	*Ausgaben minimieren, um im Falle eines zu großen Desinteresses keine Verluste zu machen;* *so schnell wie möglich den Bekanntheitsgrad steigern*

Abbildung 14. SWOT-Matrix: Design Fiction Journey

5.6 Brain Scripts durch visuelle Gestaltung

Im Folgenden werden aufbauend auf die SWOT-Analyse nun visuelle bzw. grafische Konzepte angedacht. Visuelles Storytelling (siehe Kapitel 4.1.2) und Brain Scripts (siehe Kapitel 4.2.3) sind machtvolle Instrumente, um Emotionen auszulösen und auf Geschichten aufmerksam zu machen. Genau diese beiden Tools sollen der *Design Fiction Journey* dabei helfen, ihre Rezipientinnen und Rezipienten in den Bann zu ziehen.

Das Konzept erhält ein Corporate Design, welches durch „starke Bilder" das richtige Gefühl vermitteln soll. Ebendiese Bilder sollen dazu genützt werden, um Brain Scripts auszulösen, damit sich die Betrachterinnen und Betrachter „einen Reim" machen können, wie es Mikunda beschreibt. Sie sollen die visuellen Reize der erzählten Geschichte als Drehbuch im Kopf weiterverfolgen – so werden sie in die Geschichte involviert und schenken dieser mehr Beachtung.

5.6.1 Ein visuelles Konzept

Um in einem visuellen Konzept den richtigen Weg einzuschlagen, werden nachfolgend passende Schlüsselwörter für die *Design Fiction Journey* definiert. Begriffe wie Zukunft, Zeitreise, Science-Fiction, Cyberpunk, Utopie, Dystopie, Space Opera oder Ähnliches geben die Richtung für eine grafische Gestaltung vor.

Die mythologischen Brain Scripts sind den großen Fragen des Lebens vorbehalten (siehe Kapitel 4.2.3). In Bezug auf das vorliegende Konzept könnte eine große Frage „Was wäre, wenn?" lauten. Niemand weiß, wie die Zukunft genau aussehen mag, trotzdem wird immer wieder versucht, sie vorauszusagen. Passend zu der Thematik der Zeit ist die Sage von Chronos – er ist in der Mythologie der Gott der Zeit, der aus dem dunklen Chaos entstanden ist. Die mythologische Chronos-Darstellung ist eine männliche Figur mit Flügeln und wird oft mit einem Stundenglas gezeigt. Der Chronos bietet sich also als zentrale Figur beziehungsweise als Testimonial für einen Markenaufbau an. In Verbindung mit seinen Requisiten, die auf die Zeit und in weiterer Folge auf die Zukunft verweisen, lässt sich ein ausgiebiges Storytelling-Konzept ausschöpfen.

In Bezug auf die Stärken und Chancen der zuvor erstellten SWOT-Analyse, muss die Assoziation zur Science-Fiction im visuellen Konzept genutzt werden. Demnach soll ein moderner Chronos entstehen, der den Weg in eine wünschenswerte Zukunft weist. Das Konzept von Gottheiten, die im Sci-Fi-Kontext als Heldenfigur auftreten, ist spätestens seit der Hollywood-Erfolgsgeschichte des nordischen Gottes Thor bekannt. Demnach kann hier das Thema „Gottheit wird zum Superhelden" als Brain Script dienen.

5.6.2 Potenzielle Umsetzung des visuellen Konzeptes

„Unser Gehirn verarbeitet visuelle Informationen 60.000 Mal schneller als reinen Text" (Kleine Wieskamp, 2016). Diese Information ist Grund genug, um auf ein starkes visuelles Konzept zu setzen. In diesem Sinne soll das Konzept als Marke behandelt werden und ein passendes Corporate Design erhalten. Essenziell ist jedoch das Storytelling, welches die komplexen Inhalte der Methode entwirrt und für jede Rezipientin bzw. jeden Rezipienten zugänglich macht. Das Sinnbild des „Chronos" (in welcher Art und Weise diese Figur im Kontext der *Design Fiction Journey* auch auftreten möge) ist eine Leitfigur. Durch seine oder ihre Geschichte kann das Konzept plastisch dargestellt werden und in Beispielszenarien Einblicke gegeben. Es entsteht also eine Protagonistin bzw. ein Protagonist, welcher bzw. welche in einem breiten Medienspektrum auftreten kann. Von klassischen Texten, über comichafte Erzählungen, bis hin zu einem virtuellen Auftritt auf diversen, zeitgemäßen Onlinekanälen, stehen der Figur des sinnbildlichen Chronos alle Wege offen, um die *Design Fiction Journey* zu verbildlichen.

Die Überlegungen zum visuellen Konzept sind, wie die SWOT-Analyse, erste Ansätze und Denkanstöße für eine mögliche, graphische beziehungsweise textliche Ausgestaltung der *Design Fiction Journey* in Form einer Marketingstrategie.

6 Fazit

Die vorliegende Masterthesis verfolgt das Ziel, die zu Beginn gestellte Forschungsfrage zu beantworten und dadurch neue Erkenntnisse zu gewinnen. Nachfolgend werden die Ergebnisse in Bezug auf die Forschungsfrage und deren Teilfragen zusammengefasst.

Anhand der Begriffsdefinition in Kapitel 2, können mehrere Gemeinsamkeiten in der Zukunftsforschung, im Design als Disziplin sowie im *Design Fiction* festgestellt werden. Die erste Erkenntnis ist, dass sich die drei Methoden oftmals einer Workshop-Struktur bedienen. Die Fachliteratur zu *Design Fiction* lässt erkennen, dass hier schon öfter versucht wurde, Workshop-Ansätze oder Tools für die Anwendung der Methode zu kreieren. Es ist jedoch keine Technik bekannt, welche *Design Fiction* als gängige Kreativmethode etabliert hätte. Weiters geht diesbezüglich aus der Literatur hervor, dass *Design Fiction* nicht in eine feste Form gepresst werden soll, um die Kreativität und die Offenheit des Ansatzes nicht zu gefährden. Die *Design Fiction Journey* versucht, diese Sorge aufzugreifen, indem zwar eine äußere Struktur vorgegeben wird, innerhalb der Schritte jedoch genügend kreativer Raum zur Entfaltung angeboten werden kann. Die zweite erkennbare Gemeinsamkeit der Methoden Zukunftsforschung, Design und *Design Fiction* ist die Offenheit der Ergebnisse – es zählt nicht das eine, richtige Ergebnis, vielmehr stehen neue Ansätze und Ideen im Fokus, die nicht zwingend in konkreten Handlungsanweisungen gipfeln müssen. Vielmehr sollen sie eine Richtung bzw. einen möglichen Weg zeigen. Innovation ist der dritte Punkt, durch den sich die drei zuvor genannten Themenfelder miteinander verknüpfen lassen. „Gutes Design ist innovativ" hielt Rams in seinen Thesen fest. Ebenso zielt die Zukunftsforschung darauf ab, zukünftige Ereignisse zu erkennen bevor sie passieren. *Design Fiction* nützt einen narrativen Zugang, um Innovation hervorzubringen.

Durch die Literaturrecherche zum Thema *Design Fiction* kann der Kern der zentralen Methode enthüllt werden. Die drei bedeutendsten Themen der Methode sind das Prototyping, die Kreation von Szenarien und die Spekulation in wünschenswerte Zukünfte. Hier sind auch eindeutige Parallelen zum Science-Fiction-Genre zu erkennen. Das „unmögliche Objekt" – auch Novum genannt – wird im *Design Fiction* zum erforschbaren Gegenstand – dem Prototyp. Die wünschenswerte Zukunft setzt sich nach den Autoren Dunne & Raby aus einer plausiblen und der wahrscheinlichsten Zukunft zusammen und hat nur wenige Einflüsse einer Alles-ist-möglich-Zukunft. Diese kommt jedoch im Konzept der Design Fiction Journey verstärkt zum Einsatz. Einerseits bietet diese „Possible Future" den Teilnehmerinnen bzw. Teilnehmern des Workshops eine grenzenlose Offenheit an, was die Kreativität fördert. Andererseits kann sich der Innovationsgrad der Idee verbreitern, je weiter man sich von den Fakten der gewohnten Welt entfernt und auf diese Weise mehr Möglichkeiten auslotet.

Methoden des Stroytellings bzw. der Dramatrugie bieten für das Konzept der zukunftsorientierten Methode *Design Fiction*, ein stabiles Rahmengerüst. Viel erprobte und erforschte Schemata wie die *Hero's Journey*, die *Drei-Akt-Struktur* oder ein klassischer *Spannungsbogen* geben der jungen Designpraxis Eckpunkte und helfen somit an den richtigen Stellen, gelernte Muster einzusetzen, welche von den Rezipientinnen und Rezipienten unterbewusst erkannt werden.

Die experimentelle Entwicklung stützt sich auf die Literaturrecherche und greift all die zuvor genannten Methoden und ihre Aspekte auf, um sie in der *Design Fiction Journey* zu vereinen. Die gewählte Darstellung ist kreisförmig, die Form einer „Journey" wie man sie von der *Heldenreise* oder auch der *Customer Journey* kennt. Aufgrund anderer Modelle, die demselben Prinzip folgen, ist davon auszugehen, dass die Grafik der *Design Fiction Journey* leicht gelesen und interpretiert werden kann. Wesentlich für verwertbare Ergebnisse ist eine Moderatorin bzw. ein Moderator, um die Reise von Anfang bis Ende zu begleiten. Sie oder er haben mehr Hintergrundwissen zu der Methode und können daher beratend durch den Workshop führen.

Die SWOT-Analyse zeigt, dass durchaus ein Potential für die *Design Fiction Journey* im Markt gegeben ist. Die größte Stärke des Konzepts ist ein kreativer, innovativer Ansatz in Kombination mit der Assoziation zur Science-Fiction. Aufgrund eines vorherrschenden Interesses an der Science-Fiction, was durch ein umfassendes Film- und Serienangebot des Genres bedingt ist, setzt das visuelle Stroytelling auf diese Thematik. Exemplarisch für das visuelle Konzept ist der vorliegenden Masterthesis ein grafisch aufgearbeitetes Anwendungsbuch beigelegt. Darin wird visuelles Storytelling dafür eingesetzt, *Brain Scripts* zur Thematik von Zeitreisen auszulösen. Ziel dabei ist, die Rezipientinnen und Rezipienten emotional an die Methode zu binden. Die Unbekanntheit der Methode wird als die größte Schwäche des Konzepts angesehen – eine starke Medienkampagne kann dafür genützt werden, um dagegenzuhalten. In einem konservativen Denkmuster, das nur auf schwarz oder weiß reduziert, könnte die Ergebnisoffenheit ebenso als Schwäche interpretiert werden – bezieht man sie aber auf die Kreativität, ist sie wohl die wertvollste Stärke. Die Chancen am Markt werden durch eine Vielfalt an Kursangeboten und Workshops sehr positiv gesehen. Auch der Trend zur Innovation – beispielsweise die vielen Start-Ups oder TV-Shows, die Start-Ups fördern, sprechen für ein Interesse vieler Unternehmen, sich auf kreative Weise weiterzuentwickeln. Die Risiken werden als nicht sehr hoch eingeschätzt. Diese Bewertung bezieht sich jedoch auf allgemeine Risiken, denen ein neues Unternehmen in der Regel gegenübertritt. Beispielsweise zu viel Konkurrenz im Sektor der Kreativworkshops.

Der Fokus dieser Masterthesis liegt klar auf der experimentellen Entwicklung des neuen Kreativkonzeptes, wodurch die Methode *Design Fiction* für Unternehmen zugänglich gemacht und attraktiv aufbereitet wird. Aufgrund dessen liegen derzeit keine Daten in Bezug auf die Durchführung, Erfolgsgehalt der entwickelten Ideen oder Kundenfeedback vor. Weiterführende Forschung auf dem Gebiet der *Design Fiction Journey* können durchaus förderlich für ein Vorankommen der Methode sein. Nachfolgend wird ein Ausblick auf weitere, wirtschaftliche und mögliche Forschungsziele gegeben, welche die Ressourcen der vorliegenden Masterthesis jedoch übersteigen und deshalb nur in Form von Empfehlungen abgegeben werden.

Nach einer ersten Analyse in Bezug auf die Chancen des Konzeptes am Markt ist als nächster Schritt die detaillierte Ausarbeitung einer Marketingstrategie sowie die Entwicklung einer Marke anzudenken. Dafür kann das bereits entstandene visuelle Konzept herangezogen und weiter ausgebaut werden. Ebenso ist die Entwicklung einer Medienkampagne denkbar, um das Produkt bzw. den Workshop am Markt zu positionieren.

Um die Qualität des Konzeptes nach einer sinnvollen Testphase zu überprüfen, können qualitative und quantitative Befragungen neue Erkenntnisse bringen. Auf diesem Weg können Informationen zu Themen wie der Zufriedenheit der Teilnehmerinnen und Teilnehmer, der Qualität der entstandenen Ideen oder allgemeinen Verbesservorschlägen eingeholt werden.

Abschließend ist zu sagen, dass das Konzept der *Design Fiction Journey* nicht nur der Versuch ist, eine experimentelle Methode benutzerfreundlich zu gestalten, vielmehr sollen die Ergebnisse dieser Masterthesis einen Beitrag zur Weiterentwicklung der zukunftsorientierten Methode *Design Fiction* leisten.

Literaturverzeichnis

Aerssen, B. van, Buchholz, C., & Burkhardt, N. (2018). *Das große Handbuch Innovation: 555 Methoden und Instrumente für mehr Kreativität und Innovation im Unternehmen*. Verlag Fanz Vahlen.

Auger, J. (2013). Speculative design: Crafting the speculation. *Digital Creativity*, 24(1), 11–35. https://doi.org/10.1080/14626268.2013.767276

BBC News. (2020). Robot dog enforces social distancing in city park. *BBC News*. https://www.bbc.com/news/av/technology-52619568

Bleecker, J. (2009). *Design Fiction: A Short Essay on Design, Science, Fact and Fiction*. https://nearfuturelaboratory.myshopify.com/products/design-fiction-a-short-essay-on-design-science-fact-and-fiction

Bleecker, J. (2020). *COVID ZINE: Pandemic Special*. Near Future Laboratory Shop. https://nearfuturelaboratory.myshopify.com/products/covid-zine

Bleecker, J. (2010). Design Fiction: From Props To Prototypes. *Negotiating Futures – Design Fiction*, 58–67.

Bleecker, J., & Brown, B. (2015). *An Ikea Catalog from the Near Future – Near Future Laboratory Shop*. Near Future Laborytory. https://shop.nearfuturelaboratory.com/products/ikea-catalog-from-the-near-future

Candy, S. (2010). *THE FUTURES OF EVERYDAY LIFE: POLITICS AND THE DESIGN OF EXPERIENTIAL SCENARIOS*. UNIVERSITY OF HAWAIʻI.

Design. (o. J.). In Dudenredaktion (Hrsg.), *Duden online*. Abgerufen 12. Mai 2020, von https://www.duden.de/rechtschreibung/Design

Dunne, A., & Raby, F. (2013). *Speculative everything: Design, fiction, and social dreaming*. The MIT Press.

Elkins, C. (1979). Science Fiction versus Futurology: Dramatic versus Rational Models (Science-fiction/Futurologie: Modèles de théâtralisation et de rationalisation). *Science Fiction Studies*, *6*(1), 20–31.

EU (Hrsg.). (2014). Artikel 2: Begriffsbestimmungen, 86. „experimentelle Entwicklung". In *VERORDNUNG (EU) Nr. 651/2014 DER KOMMISSION vom 17. Juni 2014 zur Feststellung der Vereinbarkeit bestimmter Gruppen von Beihilfen mit dem Binnenmarkt in Anwendung der Artikel 107 und 108 des Vertrags über die Arbeitsweise der Europäischen Union*.

Fernholz, D. (2019). *„Black Mirror": Wie realistisch ist die Netflix-Serie? | STERN.de*. stern.de. https://www.stern.de/neon/feierabend/film-streaming/-black-mirror---wie-realistisch-ist-die-netflix-serie--8813280.html

Field, S. (2016). *Das Drehbuch: Die Grundlagen des Drehbuchschreibens; Schritt für Schritt vom Konzept zum fertigen Drehbuch* (Überarb. u. aktualisierte Neuausg. [Nachdr.].). Autorenhaus Verl.

Franke, B. (2010). Design Fiction is Not Necessarily About the Future. *Negotiating Futures – Design Fiction*, 40–45.

Gabler Wirtschaftslexikon. (o.J.). *LEGO®-SERIOUS-PLAY®-Methode • Definition | Gabler Wirtschaftslexikon*. https://wirtschaftslexikon.gabler.de/definition/legor-serious-playr-methode-54107

Grand, S., & Wiedmer, M. (2010). *Design Fiction: A Method Toolbox for Design Research in a Complex World.*

Groß, S. (2018). *Moderationskompetenzen: Kommunikationsprozesse in Gruppen zielführend begleiten.* : Springer Fachmedien Wiesbaden.

Grunwald, A. (2009). Wovon ist die Zukunftsforschung eine Wissenschaft? In R. Popp & E. Schüll (Hrsg.), *Zukunftsforschung und Zukunftsgestaltung: Beiträge aus Wissenschaft und Praxis* (Bd. 1, S. 25–35). Springer Berlin Heidelberg.

Heidingsfelder, M. L. (2018). *Design Fiction als Methode für partizipative Foresight-Prozesse und bidirektionale Wissenschaftskommunikation.* Universität der Künste Berlin.

Holzinger, H., & Spielmann, W. (2002). *Die Zukunft demokratisieren – Einführung in die Methode „Zukunftswerkstatt"*. JBZ – Robert Jungk Bibliothek für Zukunftsfragen. https://jungk-bibliothek.org/die-zukunft-demokratisieren/

Hugentobler, H. K. (2008). Design als Handlungsweise. In *Designwissenschaft und Designforschung: Ein einführender Überblick* (S. 11–16). Hochschule Luzern – Design & Kunst.

Hugentobler, H. K., Mareis, C., Nyffenegger, F., Reichhardt, U., & Zerweck, P. (2008). *Designwissenschaft und Designforschung: Ein einführender Überblick.* Hochschule Luzern – Design & Kunst.

Jelden, J. (2016). *Design Fiction: Wieso man Produkte entwickelt, die keiner kaufen soll.* komfortzonen.de. https://komfortzonen.de/design-fiction/

Karrierebibel. (2019, September 25). *Kopfstand-Methode: Mit dem Gegenteil zum Erfolg.* karrierebibel.de. https://karrierebibel.de/kopfstand-methode/

Kirby, D. (2010). The Future Is Now: Diegetic Prototypes and the Role of Popular Films in Generating Real-World Technological Development. *Social Studies of Science – SOC STUD SCI*, *40*, 41–70. https://doi.org/10.1177/0306312709338325

Kleine Wieskamp, P. (2016). *Storytelling: Digital – Multimedial – Social: Formen und Praxis für PR, Marketing, TV, Game und Social Media.* Carl Hanser Verlag GmbH & Co. KG.

Kuhnt, B., & Müllert, N. R. (2006). *Moderationsfibel Zukunftswerkstätten: Verstehen – anleiten – einsetzen; das Praxisbuch zur sozialen Problemlösungsmethode Zukunftswerkstatt* (3. Aufl.). AG SPAK Bücher.

Lindley, J. (2015, April 1). *A Pragmatics Framework for Design Fiction*. European Academy of Design. https://doi.org/10.7190/ead/2015/69

Lindley, J., & Coulton, P. (2015). Back to the future: 10 years of design fiction. *Proceedings of the 2015 British HCI Conference on - British HCI '15*, 210–211. https://doi.org/10.1145/2783446.2783592

Mareis, C. (2008a). Ansätze in der Designforschung. In *Designwissenschaft und Designforschung: Ein einführender Überblick* (S. 23–26). Hochschule Luzern - Design & Kunst.

Mareis, C. (2008b). Einführung in die Designforschung. In *Designwissenschaft und Designforschung: Ein einführender Überblick* (S. 19–22). Hochschule Luzern - Design & Kunst.

Markussen, T., & Knutz, E. (2013). *The poetics of design fiction*. 231–240. https://doi.org/10.1145/2513506.2513531

Mikunda, C. (2011). *Der verbotene Ort oder Die inszenierte Verführung: Unwiderstehliches Marketing durch strategische Dramaturgie* (5. Auflage, 2015). Redline Wirtschaft bei Ueberreuter.

Miles, I. (1993). How important is science fiction for futures studies? *Futures, 25(3)*, 315–321. https://doi.org/10.1016/0016-3287(93)90139-K

Moviepilot. (o.J.). *Black Mirror | Serie 2011—2019*. moviepilot.de. https://www.moviepilot.de/serie/black-mirror

Müllert, N. R. (2009). Zukunftswerkstätten - Über Chancen demokratischer Zukunftsgestaltung. In R. Popp & E. Schüll (Hrsg.), *Zukunftsforschung und Zukunftsgestaltung: Beiträge aus Wissenschaft und Praxis* (Bd. 1, S. 269–276). Springer Berlin Heidelberg.

OECD - Organisation for Economic Co-operation and Development (Hrsg.). (2002). *Frascati manual 2002: Proposed standard practice for surveys on research and experimental development: the measurement of scientific and technological activities*. Organisation for Economic Co-operation and Development.

Österreichische Forschungsförderungsgesellschaft mbH (Hrsg.). (2015). *Leitfaden: Einzelprojekt - Experimentelle Entwicklung* (Version 3.1).

Rams, D. (o. J.). *Gutes Design | Über Uns | Vitsœ* [Vitsoe - Design Dieter Rams]. Abgerufen 17. März 2020, von https://www.vitsoe.com/de/ueber-vitsoe/gutes-design

Reich, K. (2003). *Zukunftswerkstatt*. Methodenpool. http://methodenpool.uni-koeln.de/download/zukunftswerkstatt.pdf

Reich, K. (Hrsg.). (2010). Szenario-Methode. *Methodenpool.*, 14.

Sagmeister, S. (2018, Oktober 23). *Stefan Sagmeister: „Die Definition von Schönheit ist einfach“* (M. Hausenblas) [DerStandard]. https://www.derstandard.at/story/2000089521200/stefan-sagmeister-fuehlen-uns-in-schoener-umgebung-besser

Salzburg Research. (2015). SWOT-Analyse | Methodenpool. *Methodenpool*. https://methodenpool.salzburgresearch.at/methode/swot-analyse/

Schäfer, R. (2014). *Design Fiction*. Institut Futur, Freie Universität Berlin. http://dx.doi.org/10.17169/FUDOCS_document_000000021276

Schüll, E. (2009). Zur Forschungslogik explorativer und normativer Zukunftsforschung. In R. Popp & E. Schüll (Hrsg.), *Zukunftsforschung und Zukunftsgestaltung: Beiträge aus Wissenschaft und Praxis* (Bd. 1, S. 223–234). Springer Berlin Heidelberg.

Spiegel, S. (2013). Science Fiction. In M. Kuhn, I. Scheidgen, & N. V. Weber (Hrsg.), *Filmwissenschaftliche Genreanalyse: Eine Einführung* (S. 245–269). DE GRUYTER.

Steinmüller, K. (1995). *Gestaltbare Zukünfte: Zukunftsforschung u. Science Fiction – Abschlußbericht*. Sekretariat für Zukunftsforschung.

Steinmüller, K. (1997). *Grundlagen und Methoden der Zukunftsforschung – Szenarien, Delphi, Techikvorausschau* (K. Steinmüller, Hrsg.). Sekretariat für Zukunftsforschung, Gelsenkirchen. http://www.institutfutur.de/_service/download/methoden-zukunftsforschung_sfz-wb21.pdf

Steinmüller, K. (2009). Virtuelle Geschichte und Zukunftsszenarien – Zum Gedankenexperiment in der Zukunftsfroschung und Geschichtswissenschaft. In R. Popp & E. Schüll (Hrsg.), *Zukunftsforschung und Zukunftsgestaltung: Beiträge aus Wissenschaft und Praxis* (S. 145–159). Springer Berlin Heidelberg.

Steinmüller, K. (2010). Science Fiction: Eine Quelle von Leitbildern für Innovationsprozesse und ein Impulsgeber für Foresight. *FORESIGHT— BETWEEN SCIENCE AND FICTION, iFQ-Working Paper No.7*, 19–31.

Sterling, B. (2005). *Shaping Things*. The MIT Press.

Sterling, B. (2009). COVER STORYDesign fiction. *Interactions, 16*(3), 20–24. https://doi.org/10.1145/1516016.1516021

Vogler, C. (2007). *The writer's journey: Mythic structure for writers* (3. ed..). Wiese.

Vollmer, M. (2018). *Roboter, Sprachsteuerung und Co. Nur Science-Fiction? Diese Blockbuster sagten die Zukunft voraus* [Fachmedium]. marconomy – B2B Marketing, Kommunikatioin und Vertrieb. https://www.marconomy.de/nur-science-fiction-diese-blockbuster-sagten-die-zukunft-voraus-a-703099/

von Reibnitz, U. (1992). Aufbau der Szenario-Methode. In U. von Reibnitz (Hrsg.), *Szenario-Technik: Instrumente für die unternehmerische und persönliche Erfolgsplanung* (S. 23–70). Gabler Verlag. https://doi.org/10.1007/978-3-663-15720-5_3

Zerweck, P. (2008). Design als berufliche Disziplin. In *Designwissenschaft und Designforschung: Ein einführender Überblick* (S. 8–10). Hochschule Luzern – Design & Kunst.

Zukunftsinstitut GmbH. (o. J.). *Methoden der Trend- und Zukunftsforschung*. Abgerufen 7. April 2020, von https://www.zukunftsinstitut.de/artikel/methoden-der-trend-und-zukunftsforschung/

Anhang

A. Beispiele für Kreativmethoden

Nachfolgend werden Kreativübungen zusammenfassend genannt, welche in Schritt 4 – *Enter the Time Machine*, zur kreativen Einstimmung durchgeführt werden. Dafür soll eine Auswahl an Möglichkeiten bestehen, um auf Gruppengrößen bzw. Wünsche der Teilnehmerinnen und Teilnehmer einzugehen. An dieser Stelle werden sechs geeignete Techniken genannt, diese können in Zukunft beliebig erweitert werden. Für eine detaillierte Instruktion kann die primäre Quelle herangezogen werden.

Bilder statt Worte ist eine Technik, die Inspiration fördern soll und auch auf die Vorstellungskraft eine positive Wirkung hat. Außerdem wird die Teamkreativität angeregt. Zunächst wird eine Problemstellung vorgegeben und dann visualisiert, um dadurch Emotionen auszulösen. Die entstehenden Bilder sind intuitiv. Es können dabei folgende Fragen gestellt werden: Was sind die ersten Assoziationen? Wie kann man die Problemstellung bildlich darstellen? Anschließend werden die Bilder in der Gruppe diskutiert. Die Skizzen und Zeichnungen der Teilnehmerinnen und Teilnehmer bringen unterschiedliche Aspekte hervor. Die neuen Perspektiven der Bilder in Bezug auf das Problem sollen zuletzt schriftlich fixiert werden (Aerssen et al., 2018, S. 149).

Beim *Collaborative Sketching* werden Teamkreativität, Inspiration und Vorstellungskraft geschult. Dabei wird im Team gemeinsam skizziert. Die Qualität der Zeichenkunst ist nicht wichtig, es kommt hier auf die Quantität der Ideen an. Drei bis vier Personen bearbeiten die Aufgabenstellung in einer gemeinsamen Skizze. Nach ca. zehn Minuten werden die Skizzen für eine Minute lang präsentiert. Anschließend gibt es eine zweite Skizzenphase, welche wieder nach zehn Minuten präsentiert wird. In der zweiten Phase werden jedoch die Ideen der ersten Phase verfeinert. Abschließend verteilt das gesamte Team Punkte auf die verschiedenen Lösungsansätze, die beliebtesten können noch einmal diskutiert werden (Aerssen et al., 2018, S. 214).

Bei der *Da Vinci's Technique* ist freies Zeichnen erwünscht. Diese Technik geht auf Leonardo Da Vinci zurück, bereits er kritzelte mit geschlossenen Augen auf einem Bogen Papier, um aus dem Gekritzel dann neue Ideen und Inspiration abzuleiten. Zu Beginn soll die Herausforderung noch einmal reflektiert werden. Dabei können einige Fragen helfen: Was ist nicht richtig? Was will ich herausfinden? Was sind Widerstände? Anschließend sind die teilnehmenden Personen angehalten, sich zu entspannen, da das Unterbewusstsein in entspanntem Zustand Bilder und Symbole freier verwendet. Intuitive Bilder, Symbole oder Szenen sollen nun eingefangen werden. Ein vorgemalter Rahmen soll helfen, den Fokus der Kritzelei nicht zu verlieren. Das Unterbewusstsein soll dieses Bild malen. Es kann auch immer wieder neu begonnen werden – es muss nicht bei einem Blatt bleiben. Anschließend sollen die Botschaften des Unterbewusstseins gedeutet und in erste Worte gefasst werden. Im nächsten Schritt werden Wörter mehrerer Bilder zu einem Satz zusammengefasst. Zuletzt soll das Ergebnis der beschriebenen Bilder in Verbindung mit der zuvor gestellten Aufgabe/Herausforderung gebracht werden (Aerssen et al., 2018, S. 250).

Bei *Dali's Technique* wird ein Bezug zum Unterbewusstsein geschaffen – es sollen „hypnagogische Bilder" entstehen – diese Bilder sieht man in der Phase kurz vor dem Einschlafen. Der Surrealist Dali versetzt sich oft bewusst in diesen Zustand, um Inspiration zu sammeln. Zu Beginn wird abermals eine Aufgabe gestellt, über die nachgedacht werden soll. Dann soll oder muss man sich vollkommen entspannen – nun soll an nichts mehr gedacht werden. Der Geist wird immer ruhiger, dabei kann entspannende Hintergrundmusik helfen. Wie bei Dali kann ein Löffel oder auch ein Schlüsselbund in die Hand genommen werden, ist man ganz und gar entspannt und schläft fast ein, entgleitet der Gegenstand und man wird durch den verursachten Lärm geweckt. Dann müssen die Traumbilder sofort gezeichnet werden, da sie schnell wieder verblassen. Es sollen auch Notizen zu den Bildern gemacht werden – diese werden dann in Verbindung zum gestellten Thema gebracht (Aerssen et al., 2018, S. 252).

Lego Serious Play basiert auf der Idee, dass ein Erlebnis oder ein Vorhaben mit einem Legomodel visualisiert werden soll. Somit ist es eine kreative Problemlösungsmethode. Trotz eines spielerischen Zugangs können mit der Methode tiefgründige Themen in der Kommunikation und Strategie eines Unternehmens bearbeitet werden. Die Hand-Gehirn-Verbindung wird gefördert, so sind die Teilnehmerinnen und Teilnehmer in der Lage bessere Ideen zu generieren. Alle Personen, die am Prozess mitwirken bekommen ein eigenes Set an Legosteinen bereitgestellt und können an ihren Entwürfen arbeiten. Spezielle Legoteile (z.B. Baum, Fahrrad usw.) sind dabei enthalten, um aus ihnen Metaphern bilden zu können. Fragen der Gruppe zu Einzelmodellen sind erlaub, jedoch keine Kritik daran. In weitere Folge können Einzelmodelle geclustert und zu Gruppenmodellen weiterentwickelt werden. Die Durchführung passiert und der Leitung eines Moderators (Gabler Wirtschaftslexikon, o.J.).

Die *Kopfstand-Methode* ist eine spezielle Form des Brainstormings, bei dem im jeweiligen Thema eine Gegenposition eingenommen wird. Die Problemstellung wird zuerst in eine Frage formuliert und anschließend ins Gegenteil gebracht. Dies rührt daher, da es vielen Menschen einfacher fällt ein Thema zu kritisieren als neue Ideen zu finden. Als Beispiel wird sinngemäß, folgende Fragestellung genannt: „Warum verdiene ich nicht genug?“. Die Umkehrfrage dazu würde lauten: „Wie kann ich es schaffen, weniger zu verdienen?“. Anschließend werden so viele Ideen wie möglich gesammelt, um für die richtig formulierte Frage, Lösungen zu finden. In einer Gruppe werden anschließend die Ideen aller Teilnehmerinnen und Teilnehmer gesammelt, bei solchen absurden Ideensammlungen wird oft gelacht, was wiederum das Gruppenklima stärkt. Nun werden die Ergebnisse wieder ins Positive umgekehrt. Nicht jeder einzelne Punkt kann sofort ins Positive übersetzt werden, manchmal ist auch hier Kreativität gefragt. Die dabei entstehenden Lösungsansätze an dieser Stelle der Methoden sollen auch rechtlich umsetzbar sein – also keine Phantasievorschläge, hier zählt die tatsächliche Umsetzbarkeit (Karrierebibel, 2019).

Zeitfracht Medien GmbH
Ferdinand-Jühlke-Straße 7
99095 Erfurt, Deutschland
produktsicherheit@kolibri360.de